Für Offenbach

Kino Kulinarisch

Filme nach meinem Geschmack

Daniel Brettschneider

Daniel Brettschneider
Kino Kulinarisch
Filme nach meinem Geschmack

Impressum
© Berthold Druck GmbH, Daniel Brettschneider
Alle Rechte, auch auszugsweise, vorbehalten.

Grafische Konzeption, Layout und Satz:
Jan Münz, Philipp Möller, Benjamin Franzki
(Profi Aesthetics)
Illustrationen und Filmtitel: Jan Buchczik
Lektorat: Dr. Kerstin Reimann, Monika Brettschneider

Herstellung und Verlag: Offenbacher Editionen,
Berthold Druck GmbH

Erste Auflage, Offenbach am Main 2019

ISBN 978-3-939537-55-7

Inhalt

006 — **Il Timballo**
ein Vorwort von Stefan Gey

008 — **Von Filmen verführt**
Einleitung

016 — **Dirty Dancing**
Wassermelone

022 — **Pulp Fiction**
Burger

028 — **Casablanca**
Lammkeule

036 — **Außer Atem**
Muscheln

042 — **Das Fenster zum Hof**
Hummer

048 — **Oh Boy**
Blutwurst

054 — **Drive**
Bolognese

062 — **Die andere Heimat**
Peposo

068 — **La Grande Bellezza**
Auberginen

076 — **Lost in Translation**
Sushi

082 — **Rossini**
Gnocchi

088 — **Interstellar**
Faschierte Laibchen

096 — **The Wrestler**
Linsensalat

104 — **Toni Erdmann**
Tomatensauce

110 — **Pretty Woman**
Erdbeeren

116 — **American Honey**
Rib Eye

126 — **Roma**
Ceviche

134 — **Daniels Kino**
ein Nachwort von Marc Ries

137 — **Über den Autor**

138 — **Erwähnte Filme**

Il Timballo —— ein Vorwort von Stefan Gey

Il Timballo ist ein sehr traditioneller und fast vergessener Nudelauflauf aus dem südlichen Italien mit einer vielfältigen Füllung aus Hackfleischbällchen, Hühnerleber, Schinken, Eiern, Trüffeln und anderem – zusammen mit prägnanten Beigaben wie Zimt und Zucker. In zwei sehr eindrucksvollen Kinofilmen spielt er eine eigene Rolle: In *Der Leopard* von Luchino Visconti (1963) und in *Big Night* von Campbell Scott und Stanley Tucci (1996). Beide Filme weisen dem Nudelauflauf eine hohe symbolische Bedeutung zu. Der Timballo ist das verehrte Relikt eines zusammenbrechenden sozialen Gefüges, dessen Wirksamkeit sich bereits dramatisch aufgelöst hat und das eigentliche Thema der Filme ist. Das Anschneiden des Timballos geschieht mit dem Eingeständnis, dass die gewohnte soziale Epoche zu Ende gegangen ist.

aus *Il Gattopardo* von Giuseppe Tomasi di Lampedusa

L'oro brunito dell'involucro, la fragranza di zucchero e di cannella che ne emanava non erano che il preludio della sensazione di delizia che si sprigionava dall'interno quando il coltello squarciava la crosta: ne erompeva dapprima un vapore carico di aromi, si scorgevano poi i fegatini di pollo, gli ovetti duri, le sfilettature di prosciutto, di pollo e di tartufi impigliate nella massa untuosa, caldissima dei maccheroncini corti cui l'estratto di carne conferiva un prezioso color camoscio.

Auch das Kino ist starken Umbrüchen ausgesetzt. Traditionelle Kinosäle sind zum größten Teil verschwunden. Heimische Bildschirme und nun auch portable Geräte ersetzen das gemeinschaftliche Erlebnis Film. Diese Individualisierung gilt auch für die Essensgewohnheiten. Und die Produzenten passen sich den Trends an: leichte Kost, industriell gefertigt und vorgegart. Zum Glück gibt es hier wie da auch Gegenbewegungen.

In der Gemeinschaft Filme anzuschauen, hat dennoch einen eigenen Reiz behalten und ebenso ist die Lust, gemeinsam zu essen, nicht verschwunden. Daniel Brettschneider hat es mit seinen erfolgreichen Kinoaktivitäten bewiesen. Und die Verbindungen von beiden als *Kino Kulinarisch* ist hier am erfolgreichsten. Wenn wir uns nach den Gründen für den Wunsch nach kollektivem Erleben fragen, steht uns einer einfachen Antwort das Paradoxon entgegen, dass es nahezu unmöglich ist, das Empfinden des Nachbarn beim Betrachten eines Films nachzuvollziehen. Den einen sprechen eher die schauspielerischen Leistungen an, den anderen die Bilder. Die Story selbst berührt ohnehin jeden an unterschiedlichen Punkten – abhängig von der eigenen Lebenserfahrung. Beim Essen ist es nicht viel anders. Das Geschmacksempfinden ist physiologisch individuell und variiert mit Gewohnheiten und Prägungen. Vielleicht besteht der besondere Zauber des gemeinsamen Erlebens ja gerade darin, diese Fragen gar nicht auflösen zu müssen, sondern vielmehr in der selten gewordenen Freiheit, für das gemeinsam wohlig Erlebte auf eine verbindliche Rückversicherung verzichten zu dürfen.

Dieses Buch von Daniel Brettschneider anzuschauen, zu lesen, das ist wie das Anschneiden eines Timballos. Ihm entströmt der Duft der Vergangenheit, aber auch die komplexen Aromen und Details, die uns bewusstes Genießen immer neu erschließen. Guten Appetit und Vorhang auf!

Stefan Gey betreibt mit dem
Trattodino das Lieblingsrestaurant
von Daniel Brettschneider in
Offenbach und ist Verleger dieses Buchs.

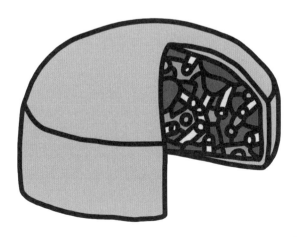

Von Filmen verführt

„*Wege zum Ruhm.*" Das kam wie aus der Pistole geschossen. Es war die Antwort auf die Frage, welcher Film von allen am wichtigsten sei. Mein damaliger Kunstlehrer Hansjörg Rindsberg war sich sicher, dass er allein an diesem – dem wohl aufrichtigsten und humanistischsten – Beitrag der Kinogeschichte alles erklären könne. In seinem Kunstunterricht in der Oberstufe verwandelte er den Klassenraum in einen kleinen Kinosaal. Wir schauten gemeinsam seine Lieblingsfilme und durften dann unsere eigenen vorstellen. Dazwischen zeigte er uns immer wieder einzelne Szenen, die ihn faszinierten, anhand derer uns die Augen aufgingen: Was Film kann. Und wie Film gestalterisch arrangiert wird. Er ließ die Bilder für sich sprechen, weil er das Medium liebte und ihm vertraute.

Es ging damals nicht primär um das Erlernen von Montagetechnik und Kameraeinstellung, sondern um die Vermittlung eines Gefühls zum Werk selbst, um die Ausbildung eines eigenen Geschmackssinns. Meine Liebe zum Kino wurde hier nochmal anders und vollends entfacht. Wie oft musste ich die Treppensequenz von Odessa aus *Panzerkreuzer Potemkin* anschauen (sieht man sich jemals daran satt?), wie viele Huldigungen an Hitchcock konnte man in einer Stunde verkraften? (Ich muss gestehen, dass des Meisters Genialität mir erst später in Gänze bewusst wurde) – und hätte ich mich danach ähnlich für Film begeistert, wenn mir mein Kunstlehrer nicht diese entscheidenden *Wege zum Ruhm* geebnet hätte? Kubricks Antikriegsfilm ist allerdings bis heute eines der ganz seltenen Werke, das mir keinerlei Appetit auf kulinarische Begleitung macht. Doch hat es meinen Hunger auf Filme begründet.

Ins Kino gehen ging immer

Meine Mutter berichtet noch heute, wie oft ich mit ihr als kleiner Junge Sonntagmittag im Kino war. Und dass ich gar nicht genug von Eiskonfekt, *Susi und Strolch* und der Spaghetti-Hackfleischbällchen-Szene kriegen konnte. Für Filme und Essen schlug mein Herz wohl wirklich schon früh. Wir hatten seinerzeit sicherlich auch einen Fernseher zu Hause, der mich jedoch anscheinend kaum interessierte. Der Weg ins *Universum* war jedes Mal etwas Besonderes gewesen, der Höhepunkt am Ende der Woche. Schon damals war es ein Ereignis, auf das man sich vorbereitete, hinbewegte, eine innere Einstellung entwickelte, die mit Vorfreude nur unzulänglich zu beschreiben wäre. In der Nacht davor hatte ich meist unruhig geschlafen, beim Frühstück schon an nichts anderes als an die neuen Filmplakate im Eingangsbereich und an die Eisverkäuferin mit ihrer grellen Stimme samt glitzerndem Bauchladen denken können. Und an das Kribbeln im Bauch, wenn das Saallicht ausging. Jetzt erst konnte die gemischte Tüte vom Kiosk endlich aus der Tasche befreit werden. Weiße Mäuse und *Feivel, der Mauswanderer* – der zuckersüße Beginn eines frühen *Kinderkino Kulinarisch*-Traums.

Die erinnerungswürdigen Momente meiner Grundschulzeit waren hingegen stärker vom Heimkino-Erleben geprägt. Nach Schulschluss saß ich oftmals in den Wohnzimmern meiner Freunde, um heimlich Filme zu sehen, die eigentlich noch nicht für uns bestimmt waren. Da war nichts Anrüchiges, nur *Rocky*, *Karate Kid* inklusive Mister Miyagis ewig gültigen Kernbotschaften („Mann, der Fliege fangen mit Stäbchen, kann vollbringen alles" – Daniel-san hat bis hierher so allerdings ausschließlich Sushi geschnappt) sowie sämtliche Bruce Lee-, Bud Spencer- und *Bond*-Streifen auf VHS-Kassetten. Wie sehr einen in diesem Alter ein bestimmter Film packen kann, ist unbeschreiblich. Wir haben *Rocky* unzählige Male gesehen, dabei zusätzlich immer auf die Trainingssequenzen zurückgespult und uns eingebildet, wir würden stärker, wenn wir tags darauf am frühen Morgen ebenfalls fünf rohe Eier in ein großes Glas schlagen, sie auf einen Schluck hinunterkippen und im Anschluss die Treppen des Schulgebäudes mit Bill Contis *Gonna Fly Now* auf dem Walkman hinauf sprinten. Der Zugang zu adäquateren Fitnessprogrammen ist mir tatsächlich bis heute verwehrt geblieben. Während *Rocky* für immer bleibt.

Mit meinem Vater war ich erst einige Jahre später im Kino, im Alter von zehn, elf Jahren. Wir gingen ins *Broadway*, ein Lichtspieltheater, fast vor unserer Haustüre gelegen. Es hatte nur einen Saal, aber was für einen! Ich erinnere das *Broadway* als das allerschönste Kino meiner Jugend, auch weil die Diskrepanz zwischen dem direkt an einer lauten Hauptstraße befindlichen Eingang und dem prunkvollen, ausladenden Saal so verblüffend und einmalig war. Man ging drei Schritte in eine andere Welt und kam manchmal eben auch als ein anderer wieder heraus. *Der Club der toten Dichter* und *Der mit dem Wolf tanzt* sind mir aus dieser Zeit am stärksten in Erinnerung geblieben. Bei ersterem waren mein Vater und ich so gerührt, dass wir beim Verlassen des Kinos nicht miteinander sprachen, dennoch instinktiv ahnten, was der andere fühlte und dass jeder eben ein paar Tränen vergossen hatte. Bei letzterem weiß ich vor allem, dass es mir schlagartig schlecht wurde, als dem gejagten Büffel die warme Leber rausgeschnitten wurde und Kevin Costner sie daraufhin aß. Dies hat zwar nicht dazu geführt, dass ich Vegetarier wurde, aber zumindest wollte ich ein paar Tage lang keine rohe Büffelleber verspeisen.

Im Kino gewesen. Geküsst.

Natürlich mochte ich immer auch Kino als eine Art des Versprechens. Wenn man mit einem Mädchen ins Kino ging, hatte man es für gewöhnlich noch nie zuvor geküsst, und der erste gemeinsame Kinobesuch galt (und ich glaube, es ist noch immer so) als sicherer Eisbrecher. Man knutschte zum allerersten Mal immer im Kino. Heute spricht die Jugend von „*Netflix* and chill", wenn sie sich unter dem cineastischen Deckmantel heimelig berühren. Nicht, dass mir all dies gänzlich missfallen hätte, doch haben mich Filme immer schon um ihrer selbst willen interessiert.

Ich weiß noch sehr genau, wie ich mit einem bis dato recht schüchternen Mädchen 1992 im *Gloria* in *Batmans Rückkehr* saß und versuchte, vom ersten Moment an Tim Burtons erneuten Einfallsreichtum zu seiner Vision Gotham Citys zu huldigen. Sie hatte den Film vorgeschlagen, ihr großes Interesse bekundet und den parallel laufenden *My Girl* gänzlich ignoriert, der sich zum gemeinsamen Schmachten ja quasi aufgedrängt hätte. Mit dem Erlöschen des Saallichts verlor das Mädchen dann allerdings jede Zurückhaltung. Auf mich wirkte es beinahe so, als würden wir von der ersten Minute an selbst Teil dieser comichaft-überzeichneten Inszenierung werden. Es gab bei *Batmans Rückkehr* eigentlich keinen einzigen Moment, in dem man glaubhaft dazu animiert worden wäre, seinen Nachbarn zu verschlingen. Aber wo es keine Momente gibt, kann man im Kino – wie ich recht schnell feststellen sollte – auch einfach jeden Moment dafür bestimmen. Ich war danach eine längere Zeit ganz gerne alleine im Kino.

Bei meinen einsamen Kinogängen erlernte ich auch die Tricks und Kniffe des mehrmaligen, kostengünstigen Besuchs samt Einlassgarantie für Filme, die altersgemäß noch nicht für mich bestimmt waren. Als die riesigen Multiplex-Center Anfang der 1990er Jahre über die Großstädte einbrachen, war das dortige Kinopersonal nicht gerade geschickt instruiert worden (ob es heute anders ist?). Per Zufall stellte ich fest, dass man – wenn man nur lange genug nach Filmende sitzen blieb – die nächste Vorstellung (meist eines anderen Films) zu einem Preis erleben durfte. Da es darüber hinaus eine Vielzahl an Sälen gab (noch dazu kleine, verwinkelte im Untergeschoss, die absolut niemand kontrollierte), konnte man zusätzlich frei wählen, welchen Film man sich anschauen wollte. So viele schlechte Filme habe ich nie mehr in meinem Leben in dieser Fülle gesehen. Aber eben auch einige sehr gute. Und niemand rannte im Kino schöner als Tom Cruise.

Ich hatte keine Scheu vor Filmen, nur weil viele sie schlecht fanden oder die Falschen sie mochten. Irgendwann sortiert man natürlich etwas schärfer, vernachlässigt das ein oder andere Genre. Vielleicht hat sich in dieser Zeit bei mir so etwas wie ein erster Geschmackssinn entwickelt, den man im Kern ein Leben lang behält. Ob man wollte oder nicht: alleine in *Bodyguard* und in *Die Brücken am Fluß*, mehr geht nicht. Und Meryl Streep war und ist eine Offenbarung!

Wilder Filmclub

In meiner einigermaßen ausgedehnten Studienzeit führte ich das System des gegenseitigen Filmevorstellens in Erinnerung an die damalige Dramaturgie des Kunstunterrichts recht exzessiv in privatem Kreis weiter. Wir gründeten einen kleinen Filmclub, in dem immer eine Person abwechselnd einen Film vorstellte. Natürlich einen, der ihr oder ihm so viel bedeutete, dass er hier – in der gefühlten Keimzelle der Rhein-Main-Cinephilie – für allerlei Ekstase sorgte. Das Unterfangen erwuchs für jedes Mitglied zu ungeahntem Freizeitstress. Gerade weil man als Präsentator auch gleichzeitig zum Kochen verpflichtet war. Filme und damit verbundene Regisseure, Gesamtwerke, die man empfohlen bekommt, sind für mich seitdem fast noch schönere Entdeckungen als diejenigen, die man sich alleine erschließt. Man stellt sie beinahe automatisch in Beziehung zu der Person, von der man den Tipp bekam, versucht, deren Geschmack zu ergründen, Parallelen zu ziehen, um daraus bestenfalls eine gemeinsame Passion zu entwickeln. *Zeugin der Anklage* war jener Coup von Martin, der mir als erste Offenbarung in Erinnerung geblieben ist. Ich war nie ein ausgewiesener Fan von Billy Wilder und hatte ihn bis dahin als sehr guten (aber eben nicht herausragenden) Komödienregisseur verortet. „Werch ein Illtum!" Der Film öffnete mir einen Zugang zu Wilder, ohne den ich bis heute weit weniger Freude am Kino gehabt hätte, wobei die dazu gereichte Pasta aglio e olio nicht unbedingt für bleibende Synergieeffekte sorgte.

Wo wäre ich heute ohne all diese Hinweise? – ohne die Liebe meiner Mutter zu Almodóvar, die sich mir mit der Zeit zwar schleichend, dafür umso intensiver erschloss – ohne das jahrelange Insistieren auf die Genialität der Coen-Brüder, die sich nach Benoni eben nicht nur in *Barton Fink* oder *Fargo* darstellt – ohne *American Honey* als ungeahntes Weihnachtsgeschenk meines Bruders Janis – ohne das einstündige Plädoyer eines mir bis dato unbekannten Kinogastes, der *Nie wieder Sex mit der Ex* trotz seines fürchterlich dämlichen deutschen Verleihtitels als eine unwiderstehliche Ausnahme-Komödie beschrieb (die sie ganz ohne Zweifel ist!) – oder ohne die hymnische Verehrung einer Kommilitonin für *Brokeback Mountain*, ohne die ich möglicherweise nie in den Kino-Genuss des schönsten und eindringlichsten Liebesfilms der letzten Jahrzehnte gekommen wäre.

„Ich kenne das Leben, ich bin im Kino gewesen." aus *Grauschleier* von Fehlfarben, 1980

Doch bedeuteten Filme für mich zu jener Zeit wie auch heute längst nicht nur gemeinsamen Austausch, oftmals waren sie auch einfach eine Art Seelentröster, wenn es mir mal nicht sonderlich gut ging. Alleine im Saal, das hatte schon immer etwas irritierend Schönes an sich. Die Möglichkeit, mit Menschen auf der Leinwand, denen man sonst nie begegnet wäre, zwei Stunden Leben gemeinsam zu verbringen, sie verstehen zu wollen, eine fremde Zeit kennenzulernen und vielleicht etwas über die damalige Welt, die Länder, die Motive der Menschen zu erfahren, war und bleibt für mich das größte Geschenk des Kinos; die Funktion eines übergeordneten, universellen Empathie-Trägers.

Für mich ist eines der stärksten Argumente für den Ort die Aura des Kinos, aber auch diese kaum zu bestimmende Kraft der zwischenmenschlichen Verzauberung. Als ich mit meiner damaligen Freundin in *Moonrise Kingdom* ging, haben wir zuvor unentwegt miteinander gestritten. Vermutlich war ich mal wieder zu spät am verabredeten Treffpunkt oder wollte in der *Harmonie* nicht ganz hinten mittig sitzen. Als wir das Kino verließen, war der Ärger einem beinahe unerklärlichen Gefühl der Zusammengehörigkeit gewichen. Wes Anderson gelang es, dass wir in seine Welt eintauchten, in der ein Kuss und ein Tanz an einem einsamen Strand jede vorherige Stimmung aus den Angeln heben konnte. Man hätte vermutlich viel öfter gemeinsam in *Moonrise Kingdom* gehen müssen. Oder zusammen kochen – in meiner Erinnerung machte sie ganz wunderbare Muscheln. Das Geheimnis, das wir damals noch nicht entschlüsselten, liegt in der Verbindung von beidem.

Kino und Kulinarik

Nachdem ich im Jahr 2010 das *Hafenkino* in Offenbach gründete und bereits ein Jahr lang Filmvorführungen im alten Lokschuppen der Hafenbahn organisierte, kam die Idee zum ersten Mal auf, gemeinsames Filmerleben und inhaltlich abgestimmtes Essen zusammenzudenken. Zwar hätte die Verknüpfung meiner beiden Leidenschaften schon von

Beginn an quasi auf der Zunge liegen müssen, doch brauchte es erst einen Anstoß von außen, um das Offensichtliche anzugehen.

Mein Freund Loimi bat mich, im Offenbacher Hauptbahnhof ein temporäres Kinoprojekt zu improvisieren, das an einigen Abenden dem brachliegenden Ort kulturelles Leben einhauchen sollte. Wir projizierten Filme mit einem kleinen Beamer an die Wand eines leerstehenden Ladengeschäfts, richteten eine Bar ein und sorgten für passende Speisen (sagen wir Snacks), die sich atmosphärisch am jeweiligen Film orientierten und in ihrer Zubereitung denkbar unkompliziert waren. Als erstes lief *Rocco und seine Brüder* mit Spritz, Espresso und köstlichem Ricotta-Gebäck. Unter dem Motto „Rotwein, Käse und Truffaut" oder „Schnaps, Chorizo und Buñuel" gelang es, Abende zu entwickeln, die, wenngleich nur mit wenigen Gästen, ein Gefühl der Zusammengehörigkeit, des gemeinsamen Austauschs und der Verköstigung anboten und die darüber hinaus – zumindest mir – in Erinnerung blieben. Sie gaben letztlich den Ausschlag, das Konzept in einen großen Kinosaal zu übertragen. Zunächst unter dem Titel *Cinema Culinaria* aus einer AG Kino heraus gestartet, erwuchs das spätere *Kino Kulinarisch* im alten Kinosaal des *Deutschen Ledermuseums* schnell zu einem festen kulturellen Treffpunkt, der heute seine Heimat in der *Alten Schlosserei* der EVO in Offenbach gefunden hat und zu allmonatlichen Filmfesten einlädt. Bereits der allererste Film der Reihe zeigte mir eindrucksvoll, dass das Konzept exakt das ist, was ich schon immer machen wollte.

In Erwartung von Fatih Akins *Solino* saßen wir am 3. März 2012 mit rund 230 Gästen an langen Tafeln und speisten im Foyer des *Ledermuseums* köstliches Ragù alla bolognese, das mein Freund Stefan gemeinsam mit seiner Familie vor Ort frisch zubereitete. Später im Kinosaal war die Stimmung unvergleichlich. Vielleicht für manche erst einmal abschreckend, da nicht ganz so leise und konzentriert wie in kleinen Programmkinos üblich, wurde der Film durchaus lebendig, regelrecht körperlich zelebriert, reinszeniert. Gemeinsames Lachen und Weinen, Szenenapplaus, versöhnliches Trösten, Gespräche, noch lange nachdem das Saallicht wieder anging, ein Glas Wein als Absacker, dazu Musik bis spät in die Nacht. Ich empfand dies als eine Art der Befreiung von herkömmlichen Kinostrukturen, als Möglichkeit eines kleinen *Cinema Paradiso* in

Offenbach am Main. Das gemeinsame Erleben erinnerte mich an frühe öffentliche Filmprojektionen, die zwischen sozialem Ort und einem rauschhaften Volksfest-Charakter changierten. Ich glaube bis heute, dass das gemeinsame Essen und das daran anschließende Kinoerleben eine Kraft hat, die einmalige und erinnerungswürdige Abende beschert.

Filme nach meinem Geschmack

Mit Filmen ist es ja dann doch ziemlich genau wie mit dem Essen. Mal passt es perfekt, mal überhaupt nicht. Wenn man seinen Lieblingsfilm nach Jahren wieder sieht und sich kein wohliges, vertrautes Gefühl einstellen mag, liegt es möglicherweise eben auch in jenem Phänomen der ominösen Flasche Wein begründet, die im Urlaub so fantastisch schmeckte und zu Hause kaum noch trinkbar ist oder in dem in Limetten getränkten Fisch, der an der Straßenbude in Lima alles Glück dieser Welt in einem Biss vereinte und daheim trotz Originalrezeptur geradezu halbgar verblasst. Filmerleben und Geschmackssinn sind wesentlich von Orten, Stimmungen, Jahreszeiten, Zeiten, Situationen, Partner/innen, Freunden, Kinos und dergleichen mehr geprägt. Und so ist *Kino Kulinarisch* aus Überzeugung kein klassisches Kochbuch mit präzise darauf abgestimmten Filmen über die Esskultur geworden, einfach weil mir persönliche Filmerinnerungen und Lieblingsgerichte – das Atmosphärische dazwischen – wesentlicher, teilbarer erscheinen. Die Anordnung, der richtige Moment und die unmittelbare Verbindung zum filmischen Ereignis bestimmen für mich letztlich den Grad der Verführungskraft. Meine langjährigen Gaumen-Freunde Pana und Stefan – beide von Beginn an Mitstreiter und Ratgeber der Komponente Kulinarik – haben einige Gerichte dieses Buchs mitentwickelt, ergänzt, hier und da verfeinert. Eben exakt so, wie es sich auch in meinem Leben gestaltet – bei unseren Vorführungen, privaten Küchenschlachten oder weinseligen Diskursen über Essen, wie es für uns schmecken muss.

Mit den folgenden 17 Lieblingsfilmen mitsamt der entsprechenden Gerichte und Getränke verbinde ich nun einmal mehr die Hoffnung, erneut gemeinsam feststellen zu können: Im Kino gewesen. Geschmeckt!

DIRTY DANCING

Emile Ardolino, USA 1987

Die 17-jährige Frances Houseman (Jennifer Grey), von allen nur „Baby" genannt, lernt im Sommer 1963 im Urlaub mit ihrer Familie den Tanzlehrer Johnny Castle (Patrick Swayze) in einem Ferienresort kennen. Sie trägt Wassermelonen, lernt tanzen und unterstützt ihn bei einem Mambo-Auftritt. Sie verlieben sich ineinander, lernen von den Stärken und Schwächen des Partners einiges über sich selbst, emanzipieren sich von den Erwartungen anderer, verbringen die Zeit ihres Lebens und tanzen den letzten Tanz der Saison.

Dirty Dancing —— Es war im Sommer '89. Alle nannten mich Dany. Irgendwie hat mir das gefallen.

Die Bilder laufen rein in Slomo. Pinke Schreibschrift. Schwarzweiße Tänze. Dazu *Be My Baby* von den Ronettes. Eine Eröffnungssequenz, so heiß wie im *Hexenkessel*…

„Es tut mir leid, wenn ich Euch störe, Leute", aber *Dirty Dancing* ist dieser eine Film, den ich mit Abstand am meisten gesehen habe, mit dem sich so vieles immer wieder verbindet. Eine Freundin hat mir kürzlich sogar Steine aus dem legendären See besorgt, eine Fußballmannschaft hatte ich seinerzeit nach dem Film benannt. Zum Leidwesen sämtlicher Mitspieler. Dabei hat die Liebe zu Wassermelonen und Hufeisenwerfen mit einigen Hindernissen begonnen. Im Alter von knapp neun Jahren schaute ich *Dirty Dancing* zum allerersten Mal – im Hort, nicht im Kino. Aber nicht etwa alleine, sondern mit einer Gruppe von etwas älteren Mädchen. Wo waren eigentlich an diesem Nachmittag die Jungs? Egal. Die Mädchen waren jedenfalls allesamt begeistert und hatten den Film offensichtlich schon mehrere Male gesehen. Sie fieberten beinahe jeder Szene euphorisch entgegen, umarmten sich mehrfach, waren wie elektrisiert, bis sie zum Schluss hemmungslos tanzten. So wie ich später auch. Doch beim damaligen Sehen konnte ich nichts, absolut gar nichts, mit Baby, Johnny, dem Baumstamm und der Hebefigur anfangen.

Möglicherweise hat die Liebe zu *Dirty Dancing* auch etwas damit zu tun, das Begehren der Mädchen verstehen und nachfühlen zu wollen. Sie hatten damals früh die Führung übernommen, den Geschmackssinn festgelegt, wie Baby im Film schlussendlich irgendwie auch. Ich weiß daher nicht, ob es Zufall war, dass *Dirty Dancing* bei fast allen danach folgenden Beziehungen zu Frauen eine Rolle spielte. Sicherlich war es jedes Mal irgendwie magisch, obwohl ja längst für niemanden mehr exklusiv. Jeder Song dieses Films kann eine andere Welt eröffnen und doch in jeder Beziehung für etwas anderes stehen. Inzwischen bin ich zu alt für nächtelange Proben von Hebefiguren, aber – *Hey Baby* – es gibt zum Glück ja noch andere, kräfteschonende Momente der Intimität: „Don't you feel like crying?"

Wenn dieser Soundtrack eben der meines Lebens sein soll – man sucht sich das ja nicht unbedingt aus – finde ich das alles in allem durchaus okay. Die Liebe zu *Dirty Dancing* ist also keinesfalls eine auf den ersten Blick gewesen, sondern viel eher die Sehnsucht, dabei sein zu wollen, genau das in dem Moment auch erleben zu dürfen.

Bis vor wenigen Jahren summte mir bei Trennungen von Partnerinnen gleichzeitig leise Patrick Swayzes für alle Zeiten gültige Ode an die Vergänglichkeit in den Ohren, wenn auch mein Abgang stets etwas unglamouröser per Fahrrad und nicht im schwarzen Chevy erfolgte. Oder sah ich mich selbst nur davonfahren, aufgelöst, am Straßenrand stehend?

I look in the mirror and all I see
Is a young old man with only a dream
Am I just fooling myself
That she'll stop the pain?
Living without her
I'd go insane
Feel her breath on my face
Her body close to me
Can't look in her eyes
She's out of my league

Just a fool to believe
I have anything she needs
She's like the wind

aus *She's like the Wind* von Patrick Swayze, 1987

Sehr wahrscheinlich ist die Intensität von *Dirty Dancing* nur unzureichend mit cineastischen Maßstäben zu erklären und eher die Summe aller gesammelten Erlebnisse und Begegnungen. Es ist ein Gefühl: „Ga-gun, ga-gun, ga-gun." Wenn ich jetzt darüber nachdenke und auf diesen Herzschlag einmal mehr vertraue, möchte ich eigentlich umgehend in *Kellerman's Resort* einchecken. Und tanzen. Und essen.

Wassermelone mit Schafskäse und Minze

Für die kulinarische Einstimmung ist hier das Tragen und Aufschneiden einer Wassermelone quasi vorherbestimmt. Ich liebe die Zubereitung der Melonenstücke mit würzigem Schafskäse, frischer Minze, schwarzen, nicht ganz so intensiven Oliven, grobem Pfeffer und – wer mag – ein wenig mildem Olivenöl. Eine leichte, fruchtige Vorspeise, die ich – wie auch den Film – an Sommerabenden beinahe täglich konsumieren könnte. Dazu: einen kühlen Rosé!

... für alle, die danach noch Hunger haben (ich wäre dabei!), steht eine Szene am Anfang des Films Pate, in der Familie Houseman einen geschmorten Rinderbraten serviert bekommt (was erst aus der englischen Sprachfassung exakt hervorgeht). Es muss einfach mal gesagt werden: Wer Fleischgeschmack wirklich mag, der kommt am Schmorbraten nicht vorbei. Da hilft auch kein schnell gebratenes Wagyu-Steak oder Entrecôte. Im Gegenteil, es sind Schaufelbug, Hochrippe, Falsches Filet, Blume, Brustspitze, Bürgermeister- und Pfaffenstück, die in Vergessenheit gerieten, weil ihre Zubereitung Zeit braucht und Zuneigung. Vor dem Schmoren wird das Stück zusammen mit Wurzelgemüse von allen Seiten kurz angebraten, damit kräftige Röstaromen entstehen. Danach in den Ofen bei Temperaturen um die 100 Grad. Mit Rotwein angießen, der Sache Zeit lassen und immer mal wieder das Ganze mit Flüssigkeit versorgen. Das dauert Stunden je nach Größe und Temperatur, aber das Fleisch wird garantiert zart werden. Und dann am Tisch tranchieren – da beginnt der Genuss schon vor dem ersten Bissen. Mein Rezept ergänzt den Schmorbraten mit Kartoffelstampf (Hauptsache Butter, Milch, Salz, Pfeffer, Muskatnuss und, wer mag, ein wenig Parmesan) und – Achtung Johnny: Baby-Spinat!

PULP FICTION

Quentin Tarantino, USA 1994

Bud (Bruce Willis) sucht seine Uhr. Vincent (John Travolta) tanzt Twist. Jules (Samuel L. Jackson) zitiert Verse. Mia (Uma Thurman) will schweigen. Und Mr. Wolf (Harvey Keitel) löst alle Probleme. Quentin Tarantinos zweiter Spielfilm bedient sich der Filmgeschichte, krempelt sie um und setzt sie neu zusammen. In drei nichtlinearen Episoden, die sich nach und nach ineinander verweben, steckt in aller grotesker und stereotyper Überzeichnung der Halbwelt von Los Angeles eine der wahrhaftigsten Liebeserklärungen an die Filmkunst.

Pulp Fiction —— ... „wenn du es tust, mach es cool!" <small>Jules Winnfield</small>

Oft liest und hört man hier und da, dass *Reservoir Dogs* oder gar *Jackie Brown* Quentin Tarantinos kraftvollere, stringentere beziehungsweise reifere Werke sind. Ich lächele dann meist in mich hinein. *Pulp Fiction* ist Tarantinos Opus Magnum und der stilbildende Film der letzten 25 Jahre. Es gab und gibt nichts Vergleichbares. Weder was die Erzählstruktur angeht noch die popkulturelle Bedeutung oder die unglaubliche Versammlung von Ausnahme-Akteuren. Und dazu: Szenen in Perfektion – in Timing, Energie, Referenz und Humor.

Ich verstehe, dass es viele gibt, die den damaligen Überhype aus Prinzip nicht teilen wollten (einige Leute mochten 2002 selbst die Strokes nicht und haben sich ihrem umjubelten Debütalbum *Is This It?* verweigert, nur weil alle es cool fanden).

Wenn ein Werk zum Kult wird, hat das nicht unbedingt nur Vorteile. Es ist gleichermaßen kategorisiert und wird schnell einer bestimmten Gruppe zugeordnet, die es aufrichtig feiert, zelebriert, glorifiziert. Jeder Dialog wird so zum Manifest erkoren, das es fortan auswendig mitzusprechen gilt, jede Szene vorab schon herbeigesehnt und das Gesamtwerk zu einem gesellschaftlichen Ereignis für Gleichgesinnte. Das Stigma „Kultfilm" kann *Pulp Fiction* wie auch beispielsweise *The Big Lebowski* jedoch rein gar nichts anhaben. Letzterer ist in seinen schönsten Momenten kein Film, der einer schlüssigen Handlung folgt, sondern einzig der Attitüde und dem Kosmos seines Protagonisten. Der Dude (unnachahmlich vom großen Jeff Bridges zum Schlurfen erweckt) übernimmt hier, Wodka mit Milch mixend, Tempo und Haltung des Films, und es ist ihm wie uns dabei vollkommen gleich, was ansonsten passiert. Man möchte ihm – Kult hin oder her – immer dabei zuschauen dürfen und einen *White Russian* mittrinken. Die gleichzeitige Einnahme von Film und Getränk macht nachweislich gleichgültig glücklich, bisweilen auch etwas albern, entspannt.

Man muss dem Hype manchmal eben doch Glauben schenken, ja sogar Liebe, sonst sieht (und schmeckt) man die Welt nicht in all ihrer Pracht.

Mit den Augen Tarantinos zum Beispiel, der in *Pulp Fiction* durch die Filmgeschichte galoppiert wie ein Wahnsinniger, der eine eigene Welt entwirft, als hätte er sein Leben lang auf diesen einen Moment, diesen einzigen Film, gewartet. Mir stehen vor Staunen Augen und Mund darüber damals wie heute weit offen (glücklicherweise gibt es im Film eine Vielzahl kulinarischer Angebote, denen man nachgehen kann). Aber was mir immer das Wichtigste an *Pulp Fiction* war und bleiben wird, sind neben dem Drehbuch die Dialoge, mit denen Tarantino eine neue Art Kino entwickelt hat. Er hat, wie niemand zuvor, in fast jeder Einstellung dem Kino durch Sprache seine Liebe erklärt. Er hat diese Sprache zu einem Charakter geformt, einem Wesensmerkmal, das den Film trägt, die Geschichten verbindet, variiert und bestimmt – ganz nebenbei, obszön, gefährlich, komisch, unübertroffen. Ein besseres Händchen für Dialoge, Rhythmus, Klang, für den Takt (und den musikalischen Ausdruck) einer Geschichte kann es nicht geben. Die Entdeckung der Schönheit im scheinbar Banalen, die entstehende Spannung in der Wiederholung des so ähnlich schon zigfach Gesehenen und hier doch nur neu montierten, auf die Spitze Getriebenen, ist bis heute Tarantinos größter Verdienst.

Pulp Fiction ist von Anfang bis Ende pure Pop-Poesie. Und selbst wenn das Herz dieses Films viel eher durch seine Form, seine Coolness und weniger durch den Inhalt zu schlagen beginnt, pumpt es genügend Blut an die Oberfläche, um jede Szene in meinem Herzen zu verankern. Eine Adrenalininjektion in Form einer einzigen Reminiszenz an die Filmgeschichte. Kino 1994, wiederbelebt. Es war der endgültige Beweis, dass schundhafte Unterhaltung in ihren stärksten Momenten immer und unbedingt ein Synonym für Kunst sein kann, dass ein Werk voller Ironie, Maskerade, Verspieltheit und Scherz trotzdem zu gleichen Teilen ernst, authentisch, liebevoll, wahr ist. Wenn die Ironie selbst Teil des ironischen Kommentars wird und die *Pulp*-Parodie zu dem verschmilzt, was sie eigentlich übertreibt (nämlich zu etwas Echtem und Eigenem: einem Liebesfilm über das Filmemachen, einem Experiment in Erzählstrukturen, einer Hommage an das Gangster-Genre), ist eine derartige Liebe zum Kino, seiner Geschichte, den unbegrenzten Möglichkeiten und all den zauberhaften Tricks offenbar, dass ich jedes Mal aufs Neue (noch nach einem Vierteljahrhundert und unzähligen Viertelpfündern) verblüfft bin.

Die Kehrseite der hymnisch-kultischen Verehrung von *Pulp Fiction* war die Tatsache, dass sich nahezu sämtliche Videothekare (Tarantinos einstiger Job) und angehende Regisseure dazu berufen fühlten, ähnliche Plots, Dialoge und Figuren entwerfen zu müssen. Ein ganzes Jahrzehnt voller grotesker Gangsterkrimi-Kopien zum Fremdschämen war die Folge. Mit einer einzigen Ausnahme: Martin McDonaghs *Brügge sehen ... und sterben?* wandelte auch 14 Jahre später ab und an auf Tarantinos stilbildenden Spuren, kreierte dabei aber einen eigenen, faszinierenden Raum von Shakespearschem Ausmaß. Und das im „gottverdammten Brügge"! Als kulinarische Begleiter böten sich hier übrigens Moules Frites und belgisches Bier kongenial an.

Es gibt bekanntlich nur cool und uncool und wie man sich fühlt: Es gab in Offenbach in meiner Generation kein Heranwachsen ohne Viertelpfünder mit Käse (*B+B Burger*, Kaiserstraße) und später erst recht keine filmische Sozialisation ohne Blaubeerpfannkuchen mit Ahornsirup. Vom eher unrühmlichen Beginn der Liebe zu *Pulp Fiction* (im Alter von 15 habe ich mich mit meiner damaligen Freundin Jessica spätnachts aus der Jugendherberge geschlichen, um in einem winzigen Berliner Programmkino nach einer halben Stunde einzuschlafen) über die mündliche Abiturprüfung bei meinem Lieblingslehrer, der Szenen des Films neu zusammenschnitt und mich vor der Prüfungskommission fragte, ob das Gesehene zeitgemäß sei, so dass ich daraufhin kurzzeitig mächtig ins Schwitzen kam bis hin zur Aufführung im *Freiluftkino Frankfurt* vor Hunderten begeisterten Gästen mit selbstgemachten Burgern, Vivis Blaubeerpfannkuchen und einem wahnwitzigen Twist Contest: Power to the Pulp!

Was den Hype um *Pulp Fiction* zwischen Mitte bis Ende der 1990er Jahre angeht, war dieser nichts gegen den um selbstgemachte Burger aus Buden Anfang der 2010er. In jedem Szeneviertel aller deutschen Großstädte sprossen Burgerläden aus dem Boden, mehrheitlich mit Namen, die so gar nicht dem Sprachgefühl Tarantinos schmeichelten. Dabei braucht es für einen exzellenten Burger gar keinen Laden, kein Wortspiel, keine Süßkartoffel-Fritten, keinen Schnickschnack und erst recht keine Neueröffnung alle fünf Meter.

Lieblingsburger

Mein Lieblingsburger – auswärts wie daheim – hat nach dem Braten in der Grillpfanne einen weichen, hellroten, saftigen Kern. Das auf 200 Gramm geformte, etwa 2 cm hohe, frisch gewolfte Rindfleisch-Patty (aus dem Nacken) würze ich vorher ausschließlich mit Salz und Pfeffer, drücke mit dem Löffel eine kreisförmige Vertiefung in seine Mitte, damit es sich nicht aufwölbt und lasse es vorher nochmal kurz in der Truhe anfrieren, damit es die Form behält. Beim scharfen Anbraten in etwas Butterschmalz wird es nach circa 3 Minuten einmal gewendet, bis es beidseitig knusprig ist (erst wenden, wenn an der Oberfläche Saft austritt). In der zweiten Hälfte des Bratvorgangs lege ich cremigen Ziegenkäse oben auf, bis er leicht anschmilzt. Als sich perfekt ergänzende weitere Belag-Komponenten empfehle ich in Butter glasig geschmorte, karamellisierte rote Zwiebeln (mit einem ordentlichen Schuss *Il Denso*-Balsamico zu einer köstlichen Sauce und zum schnellsten Chutney der Welt improvisiert), reichlich knusprig gebratenen Bacon, ein wenig Feigensenf und Rucola. Dieser Cheeseburger ist gleichermaßen rauchig, knusprig, fruchtig, süß, durchzogen mit saftiger Säure – zusammen mit einer eiskalten Limonade (*Dr Pepper*) oder einem Bier vollkommen!

Wer seine Burgerbrötchen nicht immer selbst gebacken bekommt (passiert mir nicht gerade selten), sollte beim angestammten Bäcker anfragen. Die meisten produzieren mittlerweile sehr brauchbare, weiche wie widerstandsfähige Brioche Burger Buns, unkompliziert und weit über Supermarkt-Niveau. Hier passt es dann auch uneingeschränkt: Ein Toast auf den Hype!

CASABLANCA

Michael Curtiz, USA 1942

Casablanca während des Zweiten Weltkriegs: Das französische Protektorat Marokko, das dem vom Vichy-Regime verwalteten Französisch-Nordafrika angehört, ist nicht von der deutschen Wehrmacht eingenommen. Viele Menschen flüchten hierhin und träumen von einer Ausreise nach Amerika. Der verzweifelte Kampf um Visa und Exil gipfelt allabendlich auch im *Café Américain*, jenem anerkannten Nachtclub des zynischen Geschäftsmanns Rick (Humphrey Bogart), der sich jeder Mitmenschlichkeit und jedem politischen Engagement entledigt zu haben scheint. Als Ilsa (Ingrid Bergman), die Liebe seines Lebens, in Begleitung ihres Ehemanns überraschend seinen Club betritt, verändert sich erst einmal sein Trinkverhalten. Als Pianist Sam (Dooley Wilson) dann noch ihr Lied aus gemeinsamen Tagen auf ihren Wunsch hin anstimmt, bleibt nichts mehr, wie es war.

Casablanca ——— Der Beginn einer Liebesgeschichte

aus *As Time Goes By* von
Herman Hupfeld, 1931

**You must remember this
A kiss is still a kiss
A sigh is just a sigh
The fundamental things apply
As time goes by**

… und ich dachte bis 25, *Casablanca* sei eine altbackene Liebesromanze!

Damals gründeten wir einen Filmclub. Zu Anfang waren wir in unserem Heimkino-Zirkel allerdings nur zwei Mitglieder: mein Freund Benoni und ich. Wir wohnten im selben Haus, studierten damals auf Diplom, noch um einiges freier als es jetzt möglich wäre, also knapp vor der Preisgabe des Bildungsideals durch die Bologna-Reform und der damit verbundenen durchgetakteten Neuregulierung sämtlicher Arbeits- und Lebensverhältnisse. Wie sich die „fundamental things" unseres Lebens nicht nur durch Filme, sondern eben auch durch Bildungsreformen quasi über Nacht (und innerhalb nur einer Generation) verändern! Ein weites Feld …

Wir verbrachten jedenfalls in einer zuweilen hedonistischen Lebensweise Jahre damit, bereits mittags die Rollläden herunterzulassen und Filme zu schauen. Während draußen die Sonne schien und dazu aufforderte, sich bei Kuchen und Milchkaffee das Gemüt zu erhellen, gaben wir zu jener Zeit immer Tarkowski, Bergman, von Trier und Haneke den Vorzug. Ich würde es jederzeit wieder so machen.

Da wir nie sonderlich lange über das Gesehene sprachen, wurde die Runde zwecks neuer Impulse temporär erweitert und die Abspielregeln verändert. Wir einigten uns darauf, fortan nur noch Filme zu schauen, die niemand zuvor gesehen hatte. Klassiker, die unerklärlicherweise bis hierhin an uns vorbeiliefen oder irgendwelche Dokumentarfilme, von denen ich teilweise nicht mal die Sprache der Untertitel einem Land zuordnen konnte.

Der wahrhaftigste Heimkinomoment meines Lebens war jener, als wir – vorurteilsbeladen und im Zuge eines Whiskey Sour-Tastings schon leicht beschwingt – *Casablanca* in den Player einlegten. Allein in den ersten fünf Minuten fragte ich mich an die zehnmal, wieso ich den Film nie gesehen hatte, was da wohl so unbemerkt vollkommen schief gelaufen war. Minute für Minute wurde die ganze Sache immer noch intensiver. Keiner sagte einen Ton. Natürlich sagte keiner einen Ton, schließlich schauten wir einen Film. Aber manchmal spürt man erst in der Ruhe eine kollektive Spannung, ein Gefühl wahren Gebannt-Seins. Keine Regung, kein Blick aufs Mobiltelefon, nur Whiskey und Zigarettenschwaden in Schwarz und Weiß (damals rauchte man noch guten Gewissens in Wohnräumen).

Ich hoffte nach einer Viertelstunde inständig, dass der Sog dieses Films nicht mehr nachlassen würde. Und dann erst kamen jene Momente, die dieses Werk zum größten Kultfilm werden ließen und mir das erstaunlichste Bildschirm-Geschenk aller Zeiten machten. Danach habe ich versucht, wann immer es die Möglichkeit gab, *Casablanca* auf großer Leinwand zu sehen, bis ich ihn im *Deutschen Ledermuseum* im Rahmen von *Kino Kulinarisch* auch endlich selbst zeigen konnte. Nicht nur die Stimmung im Saal und die anschließenden Gespräche bei Bogarts Signature Drink French 75 (Gin, Zitronensaft und einen Spritzer Zuckersirup auf Eis geschüttelt, dann mit Champagner langsam aufgegossen und mit einer Zitronenzeste garniert) im Foyer blieben mir in besonderer Erinnerung, sondern auch Panas fantastisches Lammragout, das er für diesen Abend mit Joghurt, Minze, Kreuzkümmel, Datteln und Couscous marokkanisch interpretierte und so die Inspiration für mein Rezept lieferte.

Casablanca altert nicht. Beim ersten Sehen erinnerte ich gerade einmal das Entstehungsjahr und den historischen Hintergrund, doch fehlte mir einiges Wissen über die Produktionsbedingungen, die unendlichen Anspielungen, die Systematik als Einsatz westlicher Propaganda. Man muss nicht zwingend die Bedeutung des wiederkehrenden Ertönens der *Marseillaise* oder des *Vichy*-Wassers, das im Mülleimer landet, verstehen, um die elektrisierende Stimmung zwischen Hoffnung und purer Verzweiflung zu spüren. Es ist der filmische Ausdruck des Wartens auf Erlösung, der in *Rick's Café* seine Bühne findet. Die Übertragung von Unsicherheit und toxischen Verflechtungen, dieser Zuflucts- wie

Sehnsuchtsort wird zum Schauplatz und Wesenskern dieses Films. Der Mikrokosmos einer Welt im Exil zwischen Spielern, Trinkern, Polizisten, Gaunern und Politikern (wobei es hier keiner Unterscheidung bedarf) ist beängstigend nachfühlbar und wirkt nie wie aus einer anderen Zeit. Mehr noch als alle Zitate, Blicke, Gesten und Songs zusammen macht dies für mich die universelle Kraft des Films bis heute aus.

Diese Reise nach Marokko kann für jeden einzigartig und gleichzeitig alles sein: ein spannender Spionage-Thriller. Ein humanistisches Pamphlet über das Leben im Exil. Ein Flüchtlingsdrama. Der schönste Liebesfilm (weil er die Liebe zum Menschen so geschickt über die Zweisamkeit hinausgehend in den Vordergrund rückt). Für mich überwiegt nichts, weil alle Teile gleichberechtigt den Rhythmus des Films bestimmen. Aus ihnen lässt sich jedoch eine Empathie ableiten, deren Botschaft gleichermaßen zeitlose Schönheit und aktuelle Dringlichkeit besitzt. Und die Frage nach unseren Nationalitäten erübrigt sich seit jeher für alle Zeiten einmal mehr. Cheers, uns bleibt immer noch OF...

Zu dieser Zeit führte ich eifrig eine Art Filmtagebuch. Jeder Film, den ich sah, wurde mit einer kurzen oder ausführlicheren schriftlichen Erinnerung vermerkt. Meistens, wenn ich im Bett lag und mir die Bilder des vorher Gesehenen noch einmal im Kopf schwirrten. Als ich jetzt aus Neugier diese Filmnotizen suchte und erstaunlicherweise auch recht schnell wiederfand, stand dort am 5. November 2006 für *Casablanca* lediglich:

> Ich kannte *Casablanca* nur in Form einer Hommage aus *Harry und Sally*. Und jetzt: die Close-ups von Ingrid Bergman, dazwischen Humphrey Bogart, immer mit Zigarette und Drink, der Rauch, die Schatten, die gebrochenen Herzen und das, was aus ihnen erwächst. Ich bin zutiefst gerührt und einfach auch stolz auf diese Charaktere. Weil sie keine Helden sind, sondern Pragmatiker. Überaus menschliche, gefühlvolle Realisten, die tun, was sie tun müssen: das Richtige. Das ist mehr als der

Beginn einer wunderbaren Freundschaft. Das ist Liebe auf den ersten Blick! Wieso wurde mir das so lange vorenthalten, verdammt!? – *Casablanca* ist überall.

Diese persönliche Notiz mag aus heutiger Sicht vielleicht etwas profan und zugespitzt wirken. Doch damals wie heute zählt vor allem eines: Sie ist wahr. Der Glaube allein, über einen Film vieles zu wissen, hat niemals so wenig ersetzt, ihn selber zu schauen und ihm zu verfallen. Und wir warten in *Rick's Café* weiter auf eine bessere Welt. Während wir trinken, zweifeln, lieben, kämpfen – und kommende Generationen bereits in jungen Jahren nach *Casablanca* mitnehmen werden.

Um *Casablanca* gebührend zu schmecken, sind für mich zwei Eindrücke wesentlich. Zum einen Panas erwähntes Lammragout, das er im Herbst 2013 hierzu servierte. Nicht nur, dass es uns allen besonders gut mundete, es bedeutete für mich im Nachhinein auch den Durchbruch für die Etablierung eines regelmäßigen *Kino Kulinarisch*, das sich sowohl der Filmgeschichte als auch aktuellen Programmkino-Höhepunkten bedient und durch die Qualität des Caterers nochmals einen ganz eigenen Charakter erhält.

Zum anderen hat Lammkeule bei mir so etwas wie Familientradition. Ich werde mich hier allerdings von dieser leicht emanzipieren und nicht die bei uns seit Jahr und Tag gängige, legendäre Sechs-Stunden-Gar-Methode à la Siebeck bei 80 Grad vorschlagen.

Marokkanische Lammkeule

Eine perfekte Lammkeule von ungefähr zwei Kilo muss meiner Überzeugung nach einzig zu Anfang ordentlich Meersalz abbekommen und von allen Seiten im Bräter mit Olivenöl bei milder Hitze goldbraun angebraten werden (keinesfalls scharf), um sie daraufhin mit der Wunderwürzmischung Ras el-Hanout einzureiben. Dann lege ich sie in die köchelnde Sauce, die ich zuvor mit sanft gedünsteten Zwiebeln und Knoblauch, geschälten Tomaten (ja, gehen hier gut: ja!-Dosen), schwarzem Pfeffer, etwas Zucker und Kreuzkümmel angesetzt habe. Nelken, Chili, Lorbeerblätter und Zimt geben etwas später die richtige Würze, während rohe Karotten in kleinen Stücken (ich bin kein Fan von Kichererbsen, die sich prinzipiell aber auch anböten) und jede Menge halbierte Datteln und/oder getrocknete Aprikosen für fruchtige Süße sorgen.

Das Ganze zusammen für knapp drei Stunden bei 100 Grad ohne Deckel in den vorgeheizten Ofen schieben, dabei immer mal wieder die Keule mit Joghurt bestreichen und nach dem Garen etwa 20 Minuten bei geöffneter Tür ruhen lassen. Eine Kerntemperatur von 58 Grad lässt die Keule am Ende in Gänze rosa, zart und in der Regel unvergessen werden. Die Sauce wird in der Ruhephase des Fleisches nur noch einmal kurz aufgekocht, abgeschmeckt, nachgewürzt, gegebenenfalls mit etwas Pflaumenmus und Butter vergoldet. Dazu ist Couscous und kalter Naturjoghurt (mit frischer Minze, einem Hauch Knoblauch sowie Zitronenabrieb) neben den erwähnten Drinks fundamental!

AUßER ATEM

Jean-Luc Godard, Frankreich 1960

In Jean-Luc Godards erstem Langfilm trifft der flüchtige Ganove Michel (Jean-Paul Belmondo) auf die junge Amerikanerin Patricia (Jean Seberg), die ihm in Paris noch nichts ahnend Unterschlupf gewährt. Sie philosophieren, rauchen und schneiden Grimassen, bis sie ihn verrät und sich Zeitgeist mit Kino für alle Zeiten verbindet. Verändert.

Außer Atem —— „Um einen Film zu machen, genügen eine Waffe und ein Mädchen." _{Jean-Luc Godard}

Ich kann mich noch gut an das erste Mal *Außer Atem* erinnern. Ein Filmseminar, erstes Semester. Da er mit der Nouvelle Vague die wohl wichtigste Bewegung der Filmgeschichte einläutete, gilt er als Musterbeispiel für den Bruch mit ästhetischen Konventionen und der Erzählform, für gemeinsam gelebte Cinephilie aller Beteiligten, für neue Wege, Kino strukturell um- und weiterzudenken. *Außer Atem* ist gleichzeitig schönste Hommage und radikale Dekonstruktion des gewohnten Hollywoodkinos, eine Kampfansage an jede Form von filmischer Illusion. Aber ganz ehrlich gesagt, war mir das ziemlich schnuppe. Die sichtbaren, springenden Schnitte, die Missachtung aller narrativ gängigen Regeln, die Huldigung des Künstlichen: All das interessierte mich zu der Zeit gar nicht so sehr. Ja, der Film war lässiger, frischer und irritierender als alles, was ich vorher gesehen hatte, aber mit jeder Einstellung galt meine ganze Konzentration Patricia. So eine Schauspielerin hatte ich zuvor eben auch noch nicht erblickt. Jean Seberg spielt das amerikanische Mädchen, das Zeitungen auf der Champs-Élysées verkauft – und sich später in einer verhängnisvollen Liaison mit dem Ganoven Michel verstrickt. Patricia schlendert wie entrückt, aus einer anderen, besseren Welt, voller Anmut und Leichtigkeit. Ich saß in einem stickigen Seminarraum, blickte auf einen viel zu kleinen Fernseher und wollte nur, dass dieser Film niemals endet. Wie sie lacht und wie sie raucht, wie sie philosophiert und ihn verrät – das ist so viel mehr als das Leben verspricht. Und so gesehen, war es vielleicht auch nicht allzu förderlich, diesen Film am Anfang des Studiums geschaut zu haben. Immerhin wacht man ja dann doch in Offenbach auf und nicht in Paris im Jahr 1960.

Mit wahrhaftigem Begehren ist es ja so eine Sache. Besonders wenn es einem verstorbenen Filmstar gilt. Man kann sich zumindest einer neuen Lebensaufgabe widmen: nämlich sich dieser Aura entziehen zu wollen und sich auch für Frauen zu interessieren, die lange Haare tragen und nicht ständig rauchen und charmant lächeln, dass einem das Herz überläuft. In *Außer Atem* spielt, wie erwähnt, auch Jean-Paul Belmondo mit. Und der Film ist für sich genommen auch ein Erweckungserlebnis.

Ich konnte hier allerdings zum allerersten Mal spüren, was Film allein durch eine Schauspielleistung auslösen kann. Und durch den umwerfendsten Pixie-Cut aller Zeiten. Starkult und hymnische Verehrung inklusive. Ob Godard und Truffaut das genau so im Schilde führten? Sie haben durch Bilder der Sehnsucht, stilistische Coolness, kühne Zitate und unzählige Querverweise den schönsten, zeitlosen Pop-Film gemacht.

Jean Seberg hängt jedenfalls noch heute als Foto in meiner Küche und lächelt verschmitzt. Vielleicht, weil sie damals erahnte, was sie generationsübergreifend auslösen würde. Das Foto zeigt einen Filmausschnitt jener Szene, in der Seberg Belmondo fragt: „Hätte ich zu wählen zwischen Leiden und dem Nichts, ich entscheide mich für Leiden. Und Du? Und wofür würdest Du Dich entscheiden?" Während Belmondo sich für das Nichts entscheidet, da er Leiden nur als Kompromiss versteht, habe ich mich wohl damals als junger Student bereits instinktiv anders entschieden. Mit Patricia, für immer: *„New York Herald Tribune!"*

Ich habe mir öfter die Frage gestellt, was Patricia möglicherweise zu *Außer Atem* gerne gegessen hätte. Dann fragte ich mich, was ich wohl kochen könnte, um sie auch nur ein wenig zu beeindrucken. Da bleibt nicht allzu viel. Zwar koche ich leidenschaftlich gerne, doch gelingen mir gerade mal etwa siebzehn Gerichte so, dass sie immer auch ähnlich gut funktionieren und recht positiv in Erinnerung bleiben. Dazu zähle ich Muscheln in Weißweinsud, deren leicht portugiesisch angehauchte Interpretation bei Frauen bislang für allgemeine Zufriedenheit sorgte. Vielleicht ist hier also ein Ansatz gefunden.

Miesmuscheln in Weißweinsud mit Koriander

Muscheln (vorzugsweise profane, saftige Miesmuscheln) sind eine meiner absoluten Lieblingsspeisen. Vollkommen unkompliziert im Kochprozess, machen sie trotzdem etwas her und transportieren noch immer eine gewisse aufregende, nichtalltägliche Komponente (auch beim Verzehr ohne Besteck, nur mit den Fingern, den Schalen und dem Baguette als Sud-Aufsauger). Und man bekommt von ihnen eigentlich niemals genug.

Deshalb plädiere ich hier einmal mehr für einen großzügigen Einkauf, mindestens anderthalb Kilo pro Person. Während des Säuberns der Muscheln können schon Schalotten, Chilis, Möhren, Sellerie, Fenchel und nur eine Zehe Knoblauch kleingehackt in Butter (oder Olivenöl) ganz langsam glasig gedünstet werden. Danach gieße ich mit einer guten Flasche Weißwein (der im Anschluss auch hierzu verköstigt werden soll), einem halben Liter Wasser und ein bisschen Gemüsebrühe an und lasse alles kurz aufkochen, bis ein paar Löffel Crème fraîche (ja, wirklich!), Lorbeerblätter, gehackte, leicht gezuckerte Cherrytomaten, Zitronenabrieb, Salz und Pfeffer eingerührt werden. Die Muscheln kommen bei mir für knapp zehn Minuten in den großen, offenen Topf und werden am Ende mit ganz viel frischem Koriander durchmischt und mit reichlich Sud im Topf serviert. Wer mag, kann beim Andünsten zusätzlich Schweinefleisch in Streifen (vorher in Zitronensaft mariniert) hinzu geben – ein ungeahntes, äußerst verführerisches Surf and Turf-Erlebnis, das hin und wieder wirklich den Atem raubt.

Davor, dabei und vor allem auch danach kann ich mir Pastis (*Henri Bardouin*) mit Eiswasser als unaufgeregten, entspannenden Begleiter vorstellen. Ein Getränk, so nonchalant wie elegant, anmutig, erfrischend und zu jeder Tageszeit – zumindest in Paris – eine goldrichtige Entscheidung.

DAS FENSTER ZUM HOF

Alfred Hitchcock, USA 1954

Fotojournalist Jeff (James Stewart) hat sich bei einem Arbeitsunfall das Bein gebrochen und ist daher vorübergehend an den Rollstuhl gefesselt. Zunächst aus Langeweile und später mit gehöriger Neugier beobachtet er das Leben in den Wohnungen anderer aus dem Fenster. Seine bemittelte Verlobte Lisa (Grace Kelly) kann diesem neuen Hobby nicht allzu viel abgewinnen und äußert Skepsis ob dieser unge-ahnten voyeuristischen Tendenzen. Als Jeff aber glaubt, Zeuge eines Mordes im gegenüberliegen-den Appartement zu sein, entwickeln beide gemeinsam einen Plan, um den vermeintlichen Mörder zu stellen. Die detektivische Zusammenarbeit festigt dabei ihre kriselnde Beziehung und scheint aus ver-schiedensten Blickwinkeln Erfolge versprechend.

Das Fenster zum Hof —— Hitchcock, Hummer, ein Glas Weißwein – ist das Leben nicht schön?

> Jeff über Lisa: Sie ist zu vollkommen. Sie ist zu talentiert, sie ist zu schön, sie ist zu intellektuell. Sie ist zu sehr alles, was ich nicht will.
> Pflegerin Stella: Ist das, was Sie wollen, etwas, worüber Sie nicht reden können?

François Truffaut bezeichnete Alfred Hitchcocks *Der unsichtbare Dritte* einst als „die Summe aller filmischen Erfahrungen". Daniel Thorpe, mein guter Freund aus Studientagen, war und ist ein Hitchcock-Besessener. Nicht, dass er deshalb zwangsläufig und generell ein Filmliebhaber ist, nein, er verehrt einfach bloß den „Master of Suspense". Gespräche über Hitchs Handwerk dominierten daher unsere Arbeitstreffen, und natürlich gipfelten sie oftmals in der entscheidenden Frage, welcher denn letztlich nun der alles überstrahlende Film des Meisters sei. Damals wie heute war es für ihn *Das Fenster zum Hof.* Ich tat mich da bedeutend schwerer, was einzig der schier unglaublichen, kaum einzuordnenden Faszination für sein Gesamtwerk geschuldet ist. Ehrlich gesagt war es mir nahezu unmöglich, mich auf einen bestimmten Film von Hitchcock festzulegen. Denn die Präferenz variiert im Laufe der Zeit – mit dem Älterwerden, den Stimmungen. Ich brauchte bis hierhin, um mir einzugestehen, dass ich mich mit *Das Fenster zum Hof* auch immer am allerwohlsten fühle und fühlen werde.

Denn es geht ja im Grunde nicht darum, welcher Film Hitchcocks am raffiniertesten und unergründlichsten ist. Hier wäre wohl immer sein Opus Magnum *Vertigo*, das mittlerweile auch in dem einzig gültigen Kritiker-Poll des *Sound and Sight*-Magazins hochoffiziell zum besten Film aller Zeiten zählt, unumstrittener Top-Favorit: dunkel, manisch, schwindelerregend perfekt. Und auch hier hätte ich zum Zwischenreich zweier Frauen möglicherweise etwas zu sagen gehabt, doch ist *Das Fenster zum Hof* von einer Leichtigkeit getragen, die mich immer wieder zu ihm zieht. Es ist nicht nur diese eine Leichtigkeit, wie sie etwa Hitchcocks *Über den Dächern von Nizza* umgibt, diesen für ihn so ungewöhnlichen, wunderbar beschwingten Urlaub frei von dämonischer Suspense, Nekrophilie und tiefgreifenden Bindungsängsten, vergnügt und ausgeruht an den Stränden der Côte d'Azur. Es ist eine andere Form von Leichtigkeit, die sich *Das Fenster zum Hof* zu eigen macht, die sich langsam und mit jedem Wiedersehen verändert, dem im Grunde sehr zynischen Tonfall des Films entgegentritt, sich ihren Raum erkämpft, ihn behauptet und ausfüllt. Vielleicht ist es die Tatsache, dass sich in den Fenstern des Hofes eine/unsere kollektive Sehnsucht nach Verbundenheit und gleichzeitiger Autonomie ausdrückt, die im Zimmer bei Jeff und Lisa ihren Ausgangspunkt hat. Die Bindungsangst (hier speziell die Angst vor der Aufgabe der Unabhängigkeit in Person von Jeff), Hitchcocks so oft variiertes Lebensthema, gipfelt hier in einem sarkastischen, doch in jeder Sekunde aufrichtigen Liebesfilm, der vom Leben zweier Menschen auf Augenhöhe und von einer tiefen Zuneigung des Regisseurs zu seinen Charakteren erzählt.

Die Frage ist doch, was nach aller Suspense und Perfektion, nach dem hundertsten Wiedersehen und Öffnen des Fensters bleibt. Für meine Begriffe sind es die Figurenzeichnung, die Dialoge, der zeitlose Humor und diese nonchalante Verbindung von Kriminal- und Liebesfilm, die sich wie ein Filter über den Handlungsverlauf legt. Für mich bleibt vor allem (und vor allen anderen) Grace Kelly und das Zusammenspiel mit James Stewart, die Begrenzung des Raums, der schnoddrige Witz, all die Details in den Wohnungen der anderen Leute, die vielen Filme in einem, durch den Blick eines Fensters. Es ist dieser exklusive, bis hierhin immer noch unerreichte Über-Blick auf das Filmemachen selbst, der eine Distanz offenbart, die mit der Zeit wegbricht, man sich selbst im Verlauf als Teil der Geschichte und als vollkommen ausgeliefert entdeckt. Kann es eine schönere Parabel über das Erleben im Kino geben? In den Ebenen von *Das Fenster zum Hof* wird Voyeurismus zur ureigenen Obsession und gleichzeitig zur Illusion, eine changierende Kraft zwischen Kontrolle, Kamera, Hin- und vor allem auch Aufgabe. Dass sich das trotz dessen, deshalb, immer wieder und mehr denn je unendlich gut anfühlt – mitunter wohlig, immer vertraut – ist wohl das nicht gänzlich Greifbare: „Pure Cinema".

Hitchcock gelang es für mich hier am eindringlichsten, eine Stimmung zu schaffen, die über das kinematografische Beunruhigen, Verängstigen und Mitfiebern hinauswächst, indem er uns einen Film als einen Freund fürs Leben anbietet (für absolut jede Stimmung, in jedem Alter, für jeden Sonntag), der sich bei jedem Wiedersehen in Nuancen verändert und doch immer bedeutsam bleibt. Das Setting des Kammerspiels, die Kulisse mit Blick auf den Hof (ich wollte immer schon in diesem Appartement wohnen!), die Geräusche der Straße und das übertönende herrliche Zanken der beiden im Ohr ... Es ist so, als säße man selbst mit dabei! Man kann einen Film, in dem es um die eigene Wahrnehmung und die Angst vor dem Sich-Einlassen-Können geht (egal, ob auf Beziehungen, die Ehe oder Veränderungen jedweder Art) nicht augenzwinkernder, geheimnisvoller und zärtlicher arrangieren.

Wenn man sich heute manchmal ungläubig fragt, ob es eine derart präzise Regie und solch eine magische Verbindung zweier Darsteller im Gegenwartskino überhaupt jemals wieder geben kann, möchte ich mit Nachdruck Paul Thomas Andersons *Der seidene Faden* empfehlen. Die Konstellation zwischen Mann und Frau, das fiebrige Zwischenreich, das Vexierspiel um Macht und Bedürftigkeit erinnerte mich doch sehr an die großen Filmfeste Hitchcocks. Anderson tariert hier ähnlich geschickt Humor, Zynismus und künstlerische Haltung exzessiv aus und entwirft einen finsteren wie unterhaltsamen zwischenmenschlichen Kosmos, der je nach eigener Position entweder als Drama, Satire oder vergifteter Liebesfilm gedeutet werden kann. Und er besetzte sein Werk aus dem Jahr 2017 mit zwei ähnlich herausragenden Akteuren, die sich im Kampf wie in Demut verblüffend ähneln und duellieren. Hierzu müsste dann zwingend Omelette mit Trüffeln zubereitet werden. Wahlweise auch mit eigens gesammelten Pilzen (je nach Beziehungsstatus) und bestenfalls gemeinsam.

... noch eine Frage: Mr. Hitchcock, wie haben Sie für *Das Fenster zum Hof* den Hummer gemacht?

Der servierte Hummer in besagtem Appartement wird auf Bestellung von Lisa durch einen Pagen gebracht. Vielmehr noch als heute stand das Krustentier damals für Wohlstand und war wohl Ausdruck der kulinarischen Upper-Class. Es steht für mein Empfinden zu Beginn wunderbar symptomatisch für die Beziehung der beiden, für die vermeintliche Diskrepanz der Klassen, die ihr unbeschwerter Lebensstil im Luxus unterstreicht und vor dem er sich abwendet, mitunter bedroht fühlt. Die Art, wie sie den Hummer ganz selbstverständlich, ohne geringstes Aufsehen drapiert und ihn mit einem großen Glas Weißwein verbindet, verführt ihn schließlich dazu, das Verpönte doch zu probieren und es – nur minimal widerwillig und leicht süffisant – zu genießen: „Lisa, es ist perfekt. Wie immer."

Gegrillter Hummer

Die Hummer gebe ich zunächst in einen großen Topf mit kochendem Wasser und lasse sie etwa fünf Minuten sanft sieden. Im selben Wasser schwimmen zuvor schon eine Weile gehackte Zwiebeln, Zitronenspalten, Dillzweige, Lorbeerblätter, ausreichend Salz und Pfeffer sowie ein randvolles Glas Pernod – für die Wacholder-Note gerne auch Gin. Ich bilde mir ein, dass die Zusammenstellung dieses Suds den Hummern schon von Beginn an die Basis für ihr unwiderstehliches Aroma verleiht. Nach dem Blanchieren die Hummer eiskalt abschrecken und fachgerecht zerteilen, also Scheren abdrehen, zwischen Kopf und Rumpf längs halbieren sowie Magen, Leber und Darm vorsichtig mit einem Löffel und einer Pinzette herauslösen.

Die Hummer werden nun in einer Grillpfanne mit der Fleischseite nach unten in ganz viel geklärter Butter etwa eine Minute bei mittlerer Hitze angebraten, danach unter Zugabe eines gehäuften Löffels Knoblauchbutter (kein Geheimnis: Butter, frischer Knoblauch, Fleur de Sel) geschwenkt und gewendet, bis sie vollständig zerschmilzt. In diesem Augenblick gebe ich immer noch zwei, drei frische, leicht befeuchtete Rosmarinzweige, ein paar ganze Pfefferkörner in Grün sowie einen Spritzer Zitronensaft und -abrieb mit in die Pfanne, dann kann das Festmahl angerichtet werden. Zu dieser wunderbaren, rundum mit Butter übergossenen Delikatesse brauche ich persönlich weder spezielle Mayonnaise noch Fritten (wie im Film) oder gar Reis, wie es manche präferieren. Hier reichen definitiv ein Weißbrot und ein leckerer Gewürztraminer, um Grace Kelly und James Stewart ganz und gar nah zu sein.

OH BOY

Jan-Ole Gerster, Deutschland 2012

Auf der Suche nach einer Tasse Kaffee gerät Niko (Tom Schilling) in Berlin innerhalb eines Tages in verschiedene verhängnisvolle Situationen. Er hat sein Studium abgebrochen, sich von der Freundin getrennt, den Führerschein abgeben müssen und lebt im ständigen Konflikt mit den Erwartungen seines Vaters. *Oh Boy* bildet das Lebensgefühl der Endzwanziger in urbanen und doch vollkommen entfrem-deten Gefilden nicht ab, sondern fängt es Szene um Szene mit Humor, Melancholie, Genauigkeit und dem variierenden Rhythmus des Jazz ein. Ob Regisseur Jan-Ole Gerster es genau so gewollt hat oder auch nicht: Der Unentschlossenheit wurde in seinem Spielfilmdebüt ein schwarz-weißes, funkelndes Denkmal gesetzt, in dem die Hauptstadt neben Niko die Hauptrolle spielt.

Oh Boy —— Berlin – Die Sinfonie des Alleinseins

Der mit kleinem Budget realisierte Abschlussfilm von Jan-Ole Gerster ist ein überraschend ausgereiftes, seltsam schönes Zwitterwesen aus Woody Allens *Manhattan*-Choreografie und unwiderstehlicher Nouvelle Vague-Ästhetik, aus spitzbübischer Frechheit und der Melancholie im Müßiggang. Altmodisch frisches Kino aus Deutschland anno 2012 also, bei dem Timing, Stimmung und Schauspiel eine beinahe magische Verbindung eingehen. Dieses einfach alles irgendwie auf den Punkt bringende Regiedebüt sucht in Person des unschlüssigen Nikos nach Leben in der Großstadt – und kreiert dabei ein paar Momente, die sich mir für immer eingebrannt haben.

So etwa der Besuch eines um die Ecke stattfindenden Filmdrehs, dem Niko und sein Kumpel Matze (Marc Hosemann) exklusiv beiwohnen dürfen, in dem gerade ein weiteres, vor Klischees nur so triefendes „Drittes Reich"-Melodram Verwirklichung findet. Die Frage nach der konkreten, vermeintlich wahren Begebenheit, auf der der filmische Stoff beruhe, wird von dessen überzeugtem Hauptdarsteller trefflich beantwortet: „Zweiter Weltkrieg halt." Eine Szene, die so süffisant und zugleich unendlich traurig aufzeigt, was im deutschen Kino seit Jahren und in der Gegenwart grundlegend schief läuft. Ein Moment, dem es nebenbei gelingt, mit und über die hiesige Filmbranche kopfschüttelnd zu lächeln, ohne sich allzu sehr darüber zu erheben (wobei es *Oh Boy* gegen Ende in seinem großartigsten Moment selbst schafft, Wege zu finden, die Schrecken des Zweiten Weltkriegs ohne stereotype Muster deutscher Fließbandproduktionen eindringlich zu vermitteln).

Überhaupt kriegen viele Beteiligte auf äußerst skurrile und hochkomische Weise (das gibt es im deutschen Kino also nach Dietl doch noch!) ihr Fett weg: der Off-Theaterregisseur, der seine „Kunst" nicht ausreichend wertgeschätzt sieht genauso wie der pöbelnde Proll (Frederick Lau, vor *Victoria* hier schon mit faszinierender Präsenz), die intellektuell erwartungsgemäß stark eingeschränkten, von so ziemlich jeder Profilneurose gezeichneten U-Bahn-Kontrolleure oder der Jura-Musterschüler und Assistent des Vaters, dessen Schleimspur schon vor seiner Karriere schier endlos erscheint.

Oh Boy fing bei Kinostart im Jahr 2012 eine Stimmung in ihrer Nachträglichkeit ein, wie ich meine, sie zuvor im Jahr 2004 ganz ähnlich erlebt zu haben. Damals war ich wegen eines Regie-Studiums nach Berlin gezogen, mit so viel Herzschmerz wegen des Verlassens von Offenbach, dass es rein rationale Gründe offensichtlich überstieg. Denn sogar einige meiner besten Freunde waren bereits in Berlin, freuten sich auf gemeinsame Abende, und das hoffentlich sinnstiftende Studium wartete dort ja auch.

In Berlin war zunächst alles gut: die Wohnung zentral, riesig, spottbillig, mit Dielen und so – eine andere Zeit eben. Das Studium war einigermaßen interessant, ein paar Kommilitonen begeisterten sich sogar für Fußball. Und doch war nichts wirklich okay: Berlin ist nicht Offenbach, das wusste ich bereits. Aber vielleicht hatte ich meine Heimatverbundenheit unterschätzt, zu gewollt, zu spontan herausgefordert. Nach nur wenigen Monaten war mir klar, dass ich es so eben doch nicht wollte. Ich hatte zwar keine andere Idee, was ich stattdessen machen könnte, aber immerhin wusste ich, dass ich den Trip in die allseits gelobte Stadt schleunigst abbrechen musste. Natürlich machte ich mir Vorwürfe. Sollte ich der Sache nicht noch mehr Zeit geben? Mich da durchbeißen, das auch mal aushalten und die Erwartungen der Zurückgelassenen nicht doch wenigstens ein bisschen länger erfüllen? Nun ja. Nein. Ich vermisste alles an Offenbach. Ja, sogar Frankfurt. Die Kinos, die Straßen, das Dörfliche innerhalb einer Großstadt. Die kurzen Wege, die gewachsenen Freundschaften, Familie und das „sich nicht zwangsläufig anpassen müssen".

Im Zweifel für den Zweifel Tocotronic, 2010

An der Filmschule in Berlin konnte ich damals auch nicht wirklich glänzen. Um Kameraequipment ausleihen zu dürfen und zukünftig eigene Filme zu drehen, war zunächst ein Test zu absolvieren, der vorsah, die Kamera eigenständig unter Beobachtung eines geschulten Technik-Gremiums wie auch der gesamten Klasse fehlerlos aufzubauen und zu bedienen. Mir widerstrebte diese Prüfungssituation. Ich war an technischen Dingen nie sonderlich interessiert und fragte mich auch – in einer Mischung aus Naivität und Überheblichkeit – wozu ein angehender Regisseur überhaupt eine Kamera aufbauen müsse. Schließlich wollte ich doch Regie studieren und hätte später gute Kameramänner und -frauen, die mir schon schöne Bilder einfangen würden. Und um es vorweg zu nehmen: Ich baute die Kamera vor Klasse und Kommission einfach falsch auf (weil falsch herum!), so dass ich exakt einen Ausschnitt meines Brustkorbs filmte und nicht – wie es die Aufgabe war – in den vor mir befindlichen Raum. Alle gut gemeinten Ratschläge, winkende Hände und gestikulierende Kreisbewegungen konnten mich nicht davon abbringen zu glauben, dass die Kamera richtig ausgerichtet war. Vielleicht waren es mitunter Szenen wie diese, die mich schon nach nur wenigen Monaten veranlassten, das Büro der stellvertretenden Leiterin aufzusuchen und ihr mitzuteilen, dass ich lieber wieder zurück nach Offenbach möchte, als nur eine Woche länger in Berlin zu bleiben. Eine Szene, wie aus *Oh Boy* entsprungen. Hinter der aufgebrachten Leiterin, die beinahe zwanghaft – warum auch immer – auf mein Weitermachen insistierte, hing ein gerahmtes Poster an der Wand, das ich in diesem Moment erblickte und das die Absurdität der Situation nochmals unterstrich. Das Plakat zierte ein Zitat von Bertolt Brecht: „Wer a sagt, der muß nicht b sagen. Er kann auch erkennen, daß a falsch war." Ich brach dieses Studium nach dem Gespräch ab. Im Blick zurück hat all das etwas Befreiendes. Und Offenbach hat ein paar Kinos mehr.

Trotz aller Berliner Tristesse, die mich umfing, hatte ich mit meiner Freundin Deniz immer eine wunderbare Zeit, wenn wir uns sahen. Sie war ein paar Monate zuvor von Offenbach nach Berlin gezogen, um Fotografie zu studieren und unternahm viele Versuche, um meine Eingliederung so angenehm wie möglich zu machen, was bedeutete, jeden Abend bei *Chez Gino* essen zu gehen. Dieses kleine, elsässisch geprägte Restaurant an der Ecke Wrangelstraße – das es zu unserem blanken Entsetzen längst nicht mehr gibt – war in jener Zeit wahrlich ein zweites, wenn nicht gar erstes Zuhause. Was Ausnahme-Restaurants mit einem machen können, bleibt schlicht phänomenal! Denn es ist beruhigend, wenn es in der Fremde Orte gibt, an denen man sich sofort wohl, heimisch, willkommen fühlt und an denen man trotzdem ganz in Ruhe für sich sein kann. Die Atmosphäre, die Einrichtung, die Karte, das Essen, der Wein, diese ganze gelebte Gastlichkeit – seltene Glücksfälle, wenn alles passt.

In Berlin waren wir eben immer bei *Gino*. Und wenn wir unglücklich waren, aßen wir gebratene Blutwurst mit Kartoffelstampf, gingen davor oder danach ins *Kino International*. Dann ging es mir bis zum nächsten Abend schon besser.

Gebratene Blutwurst mit Kartoffelstampf

Ich kaufe die rohen Blutwürste immer beim Metzger meines Vertrauens auf dem Wochenmarkt. Sie sollten ähnlich der französischen Boudin Noir recht klein, dick und für meinen Geschmack nur mit wenigen Fettstücken versehen sein. Bevor sie im Ganzen in die heiße Pfanne mit etwas Butterschmalz kommen, steche ich sie mit einer Gabel der Länge nach ein, damit sie nicht (alle) aufplatzen. Bei mehrmaligem Wenden erhalten die Würste in kürzester Zeit eine knusprige Kruste und bleiben innen dagegen herrlich weich. Parallel werden bei mittlerer Hitze hauchdünne Zwiebel- und mit Zitronensaft beträufelte Apfelringe in Butter goldbraun gebraten. Mein bereits vor den Bratvorgängen aufgesetzter Kartoffelstampf ist in seiner Zubereitung ähnlich simpel. Es gibt ja unzählige Stampf-Varianten, unter anderem jene mit Knoblauch, Zitronenabrieb, Thymian, Parmesan, Wasabi oder gar Trüffelöl – doch bin ich hier einmal mehr Verfechter des „weniger ist mehr"-Prinzips an den Herdplatten. Ich brauche lediglich mehlig kochende Kartoffeln, die ich, nachdem sie geschält und im Salzwasser weich gekocht wurden, nur mit Butter, Salz, Pfeffer und ordentlich Muskatnuss zusammenführe. Dann zerstampfe ich alles und gieße gerade so viel Milch dazu, dass der Stampf schlotzig, aber eben noch stückig bleibt. Fertig!

Dass nach diesem Essen im Magen und mit *Oh Boy* im Herzen zwingend ein verdienter Kaffee Zubereitung findet (wenn irgend möglich mit den besten Bohnen der Berliner *Andraschko*-Rösterei, die meine Freundin Deniz seit Jahren im zauberhaften *Café Espera* zermahlt), liegt in dem ureigenen Wesen des Films begründet. Der Kaffee sollte heiß sein und Wärme spenden. Und ja, „des isch ned de Colombia!"

DRIVE

Nicolas Winding Refn, USA 2011

Ein namenloser Fahrer von Fluchtfahrzeugen (Ryan Gosling) und eine alleinerziehende Frau (Carey Mulligan) verlieben sich ineinander und fahren gemeinsam durch die Nacht. Sie steigen in einen Aufzug, sind umgeben von widrigen Umständen und entfachen eine Melancholie im Actionkino, die bis hierhin ihresgleichen sucht.

Drive —— „(I've Had) The Time of My Life"! Falscher Film?
Keinesfalls!

Edgar Reitz

> Wir brauchen Filme, die wieder öffentliche Ereig-
> nisse sind, die die Menschen festlich vereinen,
> anstatt sie zu bloßen Reaktionsmaschinen zu
> degradieren.

Als wir uns Anfang 2010 darüber verständigten, dass ich im Sommer
draußen auf der großen Wiese ein paar Filme auf die Wand einer Ölhalle
projizieren sollte, war das die Initialzündung und der Beginn einer Möglichkeit, meiner Leidenschaft für Film öffentlich Ausdruck zu verleihen.
Ich war damals Stammgast im Kulturzentrum *Hafen 2*, ein Interimspro-
jekt für Kunst und Kultur am Offenbacher Hafen, der sich noch nicht
in Reih und Glied aus Luxusappartements und Systemgastronomie am
Fluss präsentierte, sondern aus Brachen, Wiesen und leeren Industrie-
hallen. Ich trank beinahe täglich dort meinen Kaffee, und so kamen wir
ins Gespräch. Es hatte die Runde gemacht, dass ich für Kino brannte –
ich hatte gerade meine Diplomarbeit über Filmvermittlung geschrieben
und bereitete mich – im Warten auf Milchkaffee und Polnischen Käse-
kuchen – auf die mündlichen Prüfungen vor. Was aber bedeutete „ein
paar Filme draußen projizieren"? Ich hatte überhaupt keine Ahnung von
Genehmigungen, Filmrechten, Technik und so. Dafür hatte ich aber
mein Leben lang Listen entworfen, tage- und nächtelang mit Freunden
über Filme diskutiert, einen eigenen Kanon meiner Lieblingsfilme nach
Epochen, Regisseuren und autobiografischen Verabredungen entwickelt
und diesen ungefähr 300 Mal überprüft, verändert, ergänzt, durch wie-
derholtes Sehen der Filme immer wieder auf seine Aktualität hin befragt.
Auf einmal fühlte es sich an, als könne die Aufgabe, Filme nach meinem
Geschmack öffentlich vorzuführen, zu einer Art verspäteten Legitima-
tion taugen. Hatten all die Kinobesuche, Listen und Seminare nachträg-
lich einen praktischen Nutzen, gar einen Sinn gehabt?

Ich machte es so, wie es mir einzig richtig erschien und entwarf eine
Filmauswahl, wie sie subjektiver nicht hätte sein können. Ich zeigte
die Filme, die mich in jener Zeit fesselten und die, die ich immer schon

einmal unbedingt zeigen wollte: Klassiker, die es lohnten, noch einmal auf großer Leinwand erlebt zu werden. So lief in dieser allerersten Open Air-Saison Michael Hanekes *Caché* neben Wes Andersons *Darjeeling Limited*, Bertoluccis *Der letzte Tango in Paris* zwischen *Pi* von Darren Aronofsky oder *Control* von Anton Corbijn. Natürlich auch *Casablanca* und *Außer Atem*, zu dieser Zeit noch ohne jede kulinarische Begleitung, dafür mit Stechmücken.

Das Kuratieren, also das Auswählen und Begründen der Filme, war praktisch über Nacht meine Aufgabe geworden. Ich entschied mich spontan dazu, vor jedem Film eine kurze Einführung zu geben, einen Hinweis, weshalb genau der Film an diesem Ort unbedingt laufen musste. Ich suchte die Musik vor und nach dem Film aus, besorgte die Filmrechte beim jeweiligen Verleih, schrieb die Texte für das Programmheft. All das war Neuland für mich, und es machte mir unendlichen Spaß, der bis zum heutigen Tag anhalten sollte. Zu unserer Überraschung übertrafen die Besucherzahlen im Sommer 2010 alle Erwartungen und während meines darauffolgenden Urlaubs reifte mein Entschluss (bestärkt durch meine Freundin Hera), das Kino unter Sternenhimmel auch im Winter in der Halle weiterzuführen und damit das erste Programmkino in Offenbach seit mehr als einem Jahrzehnt zu eröffnen. Meine Euphorie für das Unterfangen übertrug sich weitestgehend auf die Verantwortlichen. Sie hatten sich zwar nie besonders für Kino interessiert (der Laden stand bis dato für Café, Biergarten, Konzerte und Klubnächte), waren aber der Auffassung, dass ich es einfach probieren sollte.

Der Lokschuppen der alten Hafenbahn wurde innerhalb weniger Wochen unter meiner Leitung zum *Hafenkino*: bewegte Bilder in einer kaum beheizbaren Industriehalle, ausgestattet mit wunderschönen Relikten vergangener Zeit. Ich hatte das große Privileg, komplett freie Hand bei der Gestaltung der Kinoabende zu haben. Schnell war ein Team gefunden, das mit Kati, Caro und Till – später auch Netti und Coralie – sich so sehr mit dem Projekt identifizierte, dass viele Vorstellungen allein aus Lust, Überzeugung und Engagement zu rauschhaften Filmfesten erwuchsen. Wurde es kalt, gab es Tee, Decken und Grog, Hauptsache man war bei diesem neuen Filmclub dabei. *Der unsichtbare Dritte, Brokeback Moun-*

tain, *The Hurt Locker* oder *Buffalo '66* sorgten für nächtelange Filmgespräche mit Gästen, selbstgestaltete Filmplakate (Danke, Luzia!), Knutschen im Kino, leere Weinlager, selbstverwaltetes Glück. An Weihnachten hieß es *Stirb langsam* und ich erlebte schnell, wie gut es sich anfühlt, wenn man ganz ohne Druck und Erwartungshaltung sein eigenes Kino aufbaut.

Die anfänglich vielfach geäußerte Skepsis besorgter Besucher, ob sich so etwas in Offenbach überhaupt etabliere (gerade weil wir keine brandaktuellen Filme zeigten, sondern die, die längst per Stream oder auf DVD erhältlich waren), wich schnell der Erkenntnis, dass anscheinend mehr denn je ein Publikum existiert, das besondere Filme lieber gemeinsam im Kino anschauen will. Eine Einsicht, die sich übrigens mit den Jahren an den verschiedensten Orten und in unterschiedlichsten Kontexten immer wieder aufs Neue bestätigt hat. Als inzwischen blühende Kinostadt, in der allerorten Leinwände aufgespannt sind, vergisst man ja leicht, dass es zu jener Zeit keinen einzigen Ort für Programmkinokultur und Filme abseits des Mainstreams gab. Was im Umkehrschluss sicherlich auch den enormen Zuspruch bedingte.

So gesehen war die Gründung des *Hafenkinos* der Impulsgeber für alle weiteren Projekte. Beginnend mit der leidenschaftlichen Unterstützung des Kulturamts und von Dr. Rosita Nenno für die Etablierung eines Kinos im *Deutschen Ledermuseum*, aus dem die beiden Erfolgsfilmreihen *Stummfilm und Ton* wie auch *Kino Kulinarisch* erwuchsen, über die Eröffnung des *Ladenkinos* (Filmjuwelen inklusive Fahrradszenen mit Anja und Blümmel in ihrem Fahrrad-*Laden Artefakt*), der Gründung des *Freiluftkino Frankfurt* (gemeinsam mit Johanna und Gregor vom Lichter Filmkultur e.V.) bis hin zur Durchführung der Gala-Ausgabe des *Kino Kulinarisch* in der *Alten Schlosserei* dank des großen Engagements von Britt, Sabine, Harald, Martin, Ruth und Wolfgang – alle Freundschaften und Zusammenarbeiten entwickelten sich letztlich auf Grundlage des gemeinsamen Interesses an Kinokultur und des Wunsches nach cinephilem, öffentlichem Austausch. Das vielleicht Einmalige dabei war, dass es einer Stadt wie Offenbach mit vielen engagierten Kultur-Akteuren gelang, ohne ein einziges Programmkino und ohne finanziellen „Spielraum" innerhalb weniger Jahre eine ganz neue, eigene, andere Kinostadt zu werden, in der nun allerorten unabhängige Kinoreihen Verwirklichung finden. Offenbachs Leinwände beweisen, dass man sich dabei keinem festen Ort verschreiben muss, dass man an Un-Orten ungleich flexibler, freier, gelassener Dinge ausgestalten kann.

aus *Under Your Spell* von Desire, 2011

You keep me under your spell
You keep me under your spell
You keep me under your spell

Und dann kam irgendwann auch noch „a real hero" dazu: *Drive*. Zur absolut richtigen Zeit und zur Stimmung, in der wir uns befanden. Wir glaubten, mit *Drive* gar einem neuen Kino beizuwohnen, einer neuen Ästhetik, die sich vielleicht noch am ehesten mit dem damaligen Staunen über die Stilmittel der frühen Arbeiten Tarantinos vergleichen ließ. Eine goldene Skorpion-Jacke, ein Zahnstocher und ein wortkarger Fahrer waren die Zutaten für die Umdeutung des Actionfilms anno 2012. Ein Werk wie ein popkultureller Zitate-Zirkus, ein Genre-Zwitter aus Film Noir und Liebesfilm, der in all seiner Trash-Romantik nie seine echte Zartheit verliert. So fuhren wir mit Ryan Gosling ein ums andere Mal wie in Trance durch die Nacht, er dabei immer bedächtig, bei sich und in sich versunken. Mit einem Jahrhundert-Soundtrack als Hauptdarsteller, der den formalen Stilwillen von Regisseur Nicolas Winding Refn musikalisch auflöst, befeuert und bricht. Dann kam die Aufzugsszene, in der die plötzliche Gewalteruption einem Knockout gleicht, nach dem nichts mehr ist, wie es war – und der Film quasi einen zweiten *Drive* annimmt, der das Traumpaar nun nicht mehr zueinander finden lässt. Galt bis hierhin meine eiserne Regel, niemals einen Film zweimal zu zeigen, um damit das singuläre Ereignis im größtmöglichen Maße zu zelebrieren, zeigte ich *Drive* und die gewaltige Monotonie der Einsamkeit sieben Mal innerhalb der kommenden Jahre. Weil ich sehr lange keinen Film mehr gesehen hatte, der so unaufgeregt aufregend fließt, in dem alles ineinander zu greifen scheint, so magisch, zerbrechlich und hoffnungslos zugleich. Möglicherweise würde ich das von mir damals als „Jahrzehntfilm" gepriesene Werk heute ein klein wenig nüchterner ankündigen, aber es kommt ja immer auch auf die Zeit an, in der man sich gerade bewegt, in der man einem Film bedingungslos verfällt. Und wo und mit wem man ihn schaut. Manche Filme wirken unter Umständen ungleich intensiver, wenn man in ihren bewegendsten Szenen jemanden anblickt, den man mag. Wir mochten uns alle – und alle liebten wir *Drive*.

In dieser Zeit aßen wir circa 5.000 Flammkuchen. Also ungefähr jeweils einen zu jedem zehnten Glas Wein. Der Flammkuchen war Retter bei Elektrolytmangel und eines der wenigen Angebote der kleinen Hafenküche. In Erinnerung an den *Hafen 2* an seinem alten, ursprünglichen, wilden Ort und seinen ganz eigenen – unseren! – *Drive* möchte ich jedoch mein ewiges und allerwichtigstes Lieblingsgericht vorschlagen, das ich zu jener Zeit so oft bei mir zu Hause für viele Mitarbeiter/innen kochte und es mir rückblickend als einzig würdiger Begleiter für diesen Film erscheint: Bolognese (beziehungsweise „ragù", wie sie originär genannt wird oder einfach „Bolo" und „Boli", wie wir sie liebevoll tauften).

Meine Bolognese

Um die „richtige" Bolognese (eine unergründliche, aber eigentlich zu vernachlässigende Glaubensfrage) geht es hier natürlich nicht, sondern einzig und allein um meine völlig freie, intuitive Adaption der legendären Sauce – darum, dass sie schmeckt! Entscheidend für alles, was mit dieser Sauce passiert, ist aus meiner Sicht das „Sofritto": Zwiebeln, Sellerie, Karotten, Chili, Knoblauch und Pancetta werden kleingehackt und in ordentlich Butter (oder in Olivenöl, reine Geschmackssache) ganz langsam und sanft angedünstet, bis ein wenig Tomatenmark und brauner Zucker hinzugerührt wird. Das Ganze kann zunächst gut eine Stunde in Ruhe dünsten. Eigentlich: Je länger, desto intensiver letztlich im Geschmack.

Das Hackfleisch darf für mich trotz aller Diskurse ausschließlich aus Rind und Schwein bestehen, auch weil ja erst das Fett des Schweins den Geschmack des Rinds so wunderbar entfaltet. Beides (etwas mehr Rinderschulter als Schweinenacken) drehe ich kräftig durch den Fleischwolf, würze es ebenso kräftig mit Salz, Pfeffer und brate es anschließend in einer zweiten Pfanne an. Wenn sich das Fleisch mit dem Sofritto schließlich in einem Topf vereint, gebe ich kräftig Weißwein, wenig Gemüsebrühe und später immer mal wieder einen großen Schluck Milch und ein wenig Naturjoghurt dazu. Das kann locker einen gesamten Tag, mindestens aber drei Stunden lang köcheln. Anstelle von italienischen Kräutern oder Gewürzen jeglicher Art lege ich meist noch eine Schwarte Parmaschinken hinein und verfeinere ab und an mit Balsamessig, einer Prise Zimt, Butter und final mit Parmesan. Auch wenn Tomaten klassischerweise nichts im „ragù" verloren haben, muss ich gestehen, dass ich mindestens mal eine Dose San-Marzano-Tomaten vom Fuße des Vesuvs im Gesamtarrangement nicht missen möchte. Die Zahl der Gäste ist beim Bolo-Kochen im Grunde ganz egal. Ein riesiger Topf für eine Großfamilie hält – so lehrt mich jedenfalls die jahrzehntelange Erfahrung – maximal anderthalb Tage unabhängig der Personenanzahl, die mitisst. Es kommt daher nur ganz selten zum Einfrieren der Königin sämtlicher Saucen, viel öfter sind Tagliatelle mit Bolognese (oder Orecchiette, Hauptsache die Pasta haftet und wird mit der Sauce eins) auch morgens, mittags, abends und nachts ständiger Begleiter und in jeder Lebenslage unwiderstehliche Versuchung.

Ein einfacher Tomatensalat mit roten Zwiebeln, Limettensaft, einem Spritzer ganz sanften *Copinni*-Öls und frischer Minze krönt für mich im Übrigen das perfekte Bolo-Schlemmen. Dass ich zu alldem immer *einen* Weißwein empfehlen würde, lässt sich wahrscheinlich vorausahnen.

DIE ANDERE HEIMAT
—
CHRONIK EINER SEHNSUCHT

Edgar Reitz, Deutschland / Frankreich 2013

Die andere Heimat – Chronik einer Sehnsucht beruht auf der ebenfalls von Edgar Reitz stammenden *Heimat*-Trilogie und thematisiert wiederum im Hunsrück die Auswanderungswelle in Deutschland Mitte des 19. Jahrhunderts. Der Bauernjunge Jakob (Jan Dieter Schneider) träumt hier zwischen Hunger, Verzweiflung und Sehnsucht von einem besseren Leben im fernen Brasilien. Die Hoffnung nach Aufbruch und Veränderung wird von der Realität jäh eingeholt.

Die andere Heimat – Chronik einer Sehnsucht —— „Im Blick zurück entstehen die Dinge" aus *In höchsten Höhen* von Tocotronic, 2005

Die Jahre der Cinephilie aus der Hüfte, das Ausprobieren, die gemeinsame Freude über ein eigenes Kino waren bei meinem Team und mir mit den Jahren verflogen. Der Kulturbetrieb ist eben kein Ponyhof. Zumindest nicht dauerhaft.

Am 26. September 2014 zeigte ich nach über 300 Vorführungen und viereinhalb Jahren als finalen Film im *Hafenkino* (das mittlerweile in einem Neubau auch eine andere Heimat fand) *Die andere Heimat – Chronik einer Sehnsucht* von Edgar Reitz, einer der letzten Lieblingsfilme meines Vaters.

Anders als in den Jahren zuvor, in denen zeitweise Hunderte von Gästen in das *Hafenkino* strömten, nahmen an jenem Abend gerade mal 25 Besucher zum fast vierstündigen Epochenwerk Platz, das von Flucht vor Hunger und Armut und vom Willen nach Veränderung im Hunsrück-Dorf Schabbach vor 170 Jahren erzählt. Wenn man sich auf die Beobachtungen der *anderen Heimat* einlässt, wird man von Heim- und Fernweh gleichermaßen gepackt und von einer Melancholie umgeben, dass man innerlich brennt. Traurig und befreiend schön, was Kino in seinen stärksten Momenten immer noch auslösen kann. „Heimat ist immer etwas Verlorenes, eine Sehnsucht, die sich nie erfüllen lässt", hat Reitz gesagt, und er entwirft ein atemraubendes Drama um individuellen Ausbruch innerhalb des kollektiven Zwangs. Und er erschafft Szenen, die den Rhythmus unserer Vorfahren seelisch und körperlich erfahrbar machen – ihre Arbeit, ihren Alltag, ihren Hunger, ihre Hoffnung, ihr Leid, ihre Motivation, ihre Erinnerung.

Für vier Stunden hebt Edgar Reitz alles um uns auf: Raum, Zeit, Ort. Eine filmische Entführung, zurück in ein Dorf, in eine frühere Welt. Was vergangen ist, bleibt vergangen. Und doch kann die Kamera hier eine unmittelbare Nähe zu dieser Zeit herstellen und noch dazu daran erinnern, bewusst machen, dass Deutschland damals Auswanderungsland war und wir einst Flüchtlinge, die von einem besseren Leben auf einem anderen Kontinent träumten. Vergangenheit wird bei Reitz in allen

Facetten erfahrbar und in eine stets wiederkehrende Gegenwart weiter-gedacht – eine filmische Meisterleistung, wie sie im Kino so nicht mehr vorkommen wird. Und alles, was man spürt, ist Abschied. Ein Abschied in Bildern, weil es manchmal für mehr keine Worte gibt.

In diesem Kino werden Gefühle erweckt, die außerhalb des Saals nur unzureichend zu fassen sind. Welches Verhältnis kann man denn schon zum Leben und zu Verlusten im Alltag bei Tageslicht artikulieren? Das Kino kann's. Es füllt Leerstellen. Diese so raren Momente prägender Begegnungen mit Vergangenem, Fremdem im Kino (und zugleich mit *den* Fremden zusammen im Saal), mit anderen Kulturen, Zeiten und Gepflogenheiten, evoziert ein „Verstehen", das nicht erklärbar, doch mit den Mitsehern – für diesen einen Moment Verbündete im Geiste und im Herzen – teilbar ist: die unmittelbare Identifikation mit den Hoffnungen, Sehnsüchten und Ängsten von Menschen, die uns genommen wurden oder vor Augenblicken noch unbekannt waren.

Bei Abbas Kiarostamis *Der Geschmack der Kirsche* begleitet man anderthalb Stunden einen Mann bei einer Autofahrt, der über Suizid nachdenkt und sich mit verschiedenen Mitfahrern unterhält. Man ist während der Reise Teil einer fremden Kultur, einer Entschleunigung des Erzählens, einem anderen Rhythmus geworden. Und wenn man sich – wie auch bei *Die andere Heimat* – darauf einlässt, erklimmt man nicht nur die Hügel Tehe-rans, entwickelt ein Gefühl für die dortige Landschaft und die geschun-dene Seele des Herrn Badii, sondern hat mit ihm selbst gesprochen. So wie im Hunsrück mit Jakob auch.

In diesem – möglicherweise spirituell anmutenden – Sinne war es vor allem das Gesamtwerk von Stanley Kubrick und Ingmar Bergman, aber auch neuere Filme wie der bizarre, von unendlicher Liebe getragene Telenovela-Kosmos in *Sprich mit ihr* oder dieser radikale Schleier aus *Oslo, 31. August* oder das Halb Ton/Halb Stumm-Wunder *Tabu – Eine Geschichte von Liebe und Schuld* oder die russische Politfarce *Leviathan*, aber auch Petzolds *Barbara* und zuletzt wiederum Almodóvars *Leid und Herrlichkeit*, die mir gänzlich Unbekanntes nah brachten, mich nicht mehr los ließen und einen imaginären Dialog über Vergangenes und Zukünftiges – über das Leben im Jetzt – bewirkten. Manchmal findet man im Kino Antworten. Und gleichzeitig im Geschmack von Speisen. Meine kulinarische Idee bezieht sich daher nicht auf die Spezialitäten des Hunsrücks (die es zweifelsohne recht zahlreich gibt), sondern zuallererst auf Erinnerungen an meinen Vater, der zeitweise leidenschaftlich Samstage am Herd verbrachte. Sein Rindergulasch ist für mich die einzig mögliche Heimwehküche, die den Film kulinarisch stimmig flankiert.

Peposo

Kochen in Demut, Aromen der Langsamkeit. Mit exakt vier Zutaten: Rotwein, Pfeffer, Knoblauch, Salz.

Am allerbesten kocht man das Gulasch aus der Rinderwade, ohne es vorher anzubraten, bereits zwei Tage zuvor für ganze zwölf Stunden (mindestens jedoch neun, ernsthaft entscheidend!) bei schwacher Hitze ein, so dass es vor dem Genuss noch eine Nacht im Kühlschrank durchziehen kann. Ich würze beziehungsweise schichte die etwa vier Zentimeter großen Stücke zuvor in einem Topf streng nach italienischem Peposo-Vorbild aus Impruneta – und wie ich es bei *Trattodino* erstmalig lieben lernte – ausschließlich(!) mit wenig Salz, reichlich schwarzem, zerstoßenem Pfeffer sowie extrem dünnen Scheiben Knoblauchs und lasse es die ganze Zeit in jeder Menge Chianti (und ohne jedes andere Gewürz) schmorend bedeckt. Gerne einfach auch im Tontopf (oder in einer anderen geeigneten Auflaufform) bei 90 bis 100 Grad für zwölf Stunden in den Ofen und ab und an mit ein wenig Wasser und Wein angießen, dass das Rind gar nicht zu sehen ist. Der Fleischgeschmack ist danach absolut einzigartig intensiv, die Stücke braucht man nicht mehr schneiden, sie zergehen auf der Zunge mit einem würzigen, weingetränkten Nachgeschmack. Einfach, himmlisch und unergründlich lecker.

Das Fernweh nach Brasilien, der im Film beschworenen anderen Heimat, lässt sich natürlich am Treffendsten in Form einer – oder mehrerer – Caipirinha herstellen (Cachaça Artesanal, zerdrückte Bio-Limetten, Rohrzucker und Crushed Ice).

Ob mit Gulasch und/oder Caipi – hier gilt es, Sehnsucht zu schmecken. Als Einstieg vor Filmbeginn empfehle ich das Peposo mitsamt dem hierfür bereits verwendeten Rotwein und einige Stunden später (ja, da läuft der Film immer noch) als süßsaures Dessert diesen einmalig erfrischenden Cocktail.

LA GRANDE BELLEZZA
—
DIE GROßE SCHÖNHEIT

Paolo Sorrentino, Italien / Frankreich 2013

Dandy Jep Gambardella (Toni Servillo) ist seit einer gefühlten Ewigkeit anerkannter Bestandteil der schillernden römischen High Society. Er feiert seinen 65. Geburtstag erwartungsgemäß im Stile des großen Gatsby, entschließt sich dann aber abrupt, keine Zeit mehr mit Dingen zu verlieren, auf die er keine Lust hat. Auf der Suche nach wahrhaftiger Schönheit hinter der Fassade von Partys und Dekadenz findet er erst einmal nichts. Außer Flamingos. Regisseur Paolo Sorrentino huldigt Fellinis *süßem Leben* relativ unverhohlen, inszeniert die späte Sinnsuche eines Lebemanns dann aber so rätselhaft, einfalls-reich und visuell überbordend, dass man vor Schönheit erstarrt. Und auf der Stelle nach Rom reisen will.

La Grande Bellezza – Die große Schönheit —— „Cause the sweetest kiss I ever got is the one I've never tasted" ^{aus *Cause* von Rodriguez, 1971}

Als ich im Sommer 2014 vom Offenbacher Hafen nach Frankfurt übersiedelte, um mit Johanna und Gregor vom *Lichter Filmfest* gemeinsam das *Freiluftkino Frankfurt* ins Leben zu rufen, war das schon etwas anderes als all die Jahre zuvor in beschaulicher Heimat. Wir durften einen Monat lang den Innenhof des *Cantate-Saals* bespielen. Direkt an der Hauptwache gelegen und neben dem *Goethe-Haus* beheimatet, war es der ideale Ort, um Frankfurt nach vielen Jahren wieder ein echtes Freiluftkino zu bescheren. Anfangs hatten wir Glück mit dem Wetter und vor den ersten Vorstellungen standen Hunderte Menschen bis zum Roßmarkt in der Schlange, um hier dabei sein zu können. Nach zwei wunderbaren Nächten mit *Searching for Sugar Man* – der mich schon zuvor und auch noch danach durch sämtliche Kinoprojekte begleitete und so viele Abende unvergessen machte – und dem nicht minder kraftvollen *Dallas Buyers Club* stand *La Grande Bellezza* auf dem Programm.

Vorsorglich installierten wir eine *Martini*-Bar, ein Getränk, dem der Film nicht gerade auf subtile Weise huldigt. Ich muss vielleicht voranstellen, dass ich Freiluftkino – obwohl ich Open Air-Veranstaltungen überhaupt erst meinen Weg zum Kinomachen verdanke – immer schon zwiegespalten gegenüber stand. Nichts gegen Sommer-Cineasten, gute Laune und Biergartenatmosphäre, doch Kino war das in meinen Augen einfach nicht wirklich. Wenn, dann vielleicht noch eher Spaß, von dem es ja bekanntlich immer auch ein bisschen sein muss. Insbesondere im Freien, zwischen Juni und Ende August. Aber andererseits eben auch immer das alljährliche Theater mit dem Wetter, das unruhige Klima während des Films, die teurere Technik.

Der Vorteil, den ich zweifelsohne sah, betraf das ständige Rauchen während des Films. Einen geschlossenen Raum, uneingeschränkte Fokussierung auf die Leinwand, die gemeinsame Stille hatte ich im Freien hingegen immer vermisst. Aus Sicht des Kinomachers ist kuratiertes Open Air-Kino – zumal im Rhein-Main-Gebiet erschreckend unterrepräsentiert – ein wahrer Segen, sofern das Wetter hält. Wann kommen schon mal 700 Menschen wie auf Knopfdruck mit bester Laune (und ein paar Flaschen Vino) im Gepäck, fast unabhängig davon, was gerade läuft?

Nun, der *La Grande Bellezza*-Abend hat mich endgültig eines besseren belehrt und meine Skepsis in Faszination und Erstaunen gewandelt. Während an den ersten beiden Abenden das Publikum altersmäßig gewohntermaßen gemischt war, standen an jenem Sommerabend kurz nach Einlass ausschließlich schönste junge Frauen und Männer in besagtem Innenhof, viele davon in kurzen Röcken, Anzügen und Polo-Shirts, mit Sonnenbrillen und ungeheurer Selfie-Lust. Wo kamen die Beautys in dieser Geschlossenheit her? Aus Meetings? Oder von einem After-Work-Irgendwas? Nach einigen Minuten entdeckten sie jedenfalls den *Martini*-Stand, wir spielten etwas lauteren Italo-Pop, sie begannen zu tanzen und noch mehr zu fotografieren. Ich kam mit den vorwiegend internationalen Gästen nicht besonders gut ins Gespräch, da sich meine Englischkenntnisse nie entscheidend über Mittelstufen-Niveau entwickelt hatten. In Offenbach kam ich deshalb nie in Verlegenheit. Hier ließ ich mir das meiste übersetzen. Gegen 21 Uhr war der Innenhof so voll, dass ich mich dem Treiben nur sehr schwer entziehen konnte. Ich hatte noch immer keine Ahnung, wo all die gebräunten, perfekt gestylten Menschen herkamen und ob sie wussten, dass wir einen Film zeigen würden? Aber ja, wie es manchmal so ist, übertrug sich die ausgelassene Stimmung aufs ganze Team und so auch auf mich. Man konnte sich diesem Glanz nicht widersetzen!

An diesem Abend passte alles: das Wetter, der Ort, die Drinks, die Musik, die Schönheiten, der Trubel, die Fotos, der Film. Und ich wage die Behauptung, dass man *La Grande Bellezza* in dieser Nacht nirgendwo auf der Welt einen passenderen Rahmen hätte bieten können. Nein, nicht mal in Rom, wo er ja spielt. Freiluftkino ist natürlich per se immer etwas anderes, ganz eigenes – und kann in besonderen Fällen sehr wohl für ewig unvergessen bleiben. Dass Paolo Sorrentino hier ausgerechnet die römische Upper Class persifliert, dem Hohlen und Leeren der Partys, der Künstler, der Dandys, der It-Girls, der ewigen Smalltalks nachspürt und die Dämonen in glanzvoller Schönheit entlarvt, ist eine Randbemerkung, die den Abend in mehrerlei Hinsicht zur faszinierenden Kippfigur machte. Diese fellinieske Reflexion über Schönheit und Vergänglichkeit hätte unter genau diesem Sternenhimmel nicht eindrucksvoller ausfallen können. Allein die Anfangssequenz ist ein rhythmischer Geniestreich aus Musik, Montage und Komposition; ein Changieren zwischen schriller Sehnsucht, Schampus und überheblicher Zerbrechlichkeit. All das ist Rom. All das in Frankfurt. Wie groß und schön für eine Nacht!

Die *Martini*-Bar war jedenfalls nach Filmende trocken gelegt. Und ich ging nach Hause. Nun bin ich weder in dem Alter des Protagonisten noch Mitglied der römischen feierwütigen Bohème, doch muss ich gestehen, dass man auch bereits in jüngeren Jahren sich zumindest mal fragt, wohin das alles so führt. Ist das Leben im Kino okay, das Kinomachen erfüllend? Oder gibt es noch etwas anderes hinter der Leinwand, fernab aller Drinks und betörender Frauen?

Solche Gedanken kreisen vor allem dann, wenn man nach einem derartigen Rausch mit den letzten Gästen noch einen Absacker trinkt, danach den Innenhof säubert, alleine nach Hause kommt. Was bleibt? Ein Hauch großer Schönheit im spiegelnden Glanz der Erinnerung, ein süßer Nachgeschmack auf der Zunge, kullernde *Martini*-Tränen – und die stets offenen Arme Offenbachs.

Etwa zweieinhalb Jahre später schickte Paolo Sorrentino Michael Caine und Harvey Keitel in die Schatzalp über den Wolken von Davos, um *Ewige Jugend* zu finden und über Erlebtes zu reflektieren. Wieder visuell perfekt, mit ein wenig mehr Tiefgang und einem erneut fast unwirklich wirkenden Einfallsreichtum, so dass Sorrentino für mich spätestens hier zum aufregendsten Regisseur seiner Generation zählen muss. Während die Kritik ihm immer wieder das Kopieren vorhält (bei *La Grande Bellezza* die deutlichen Anleihen an *La dolce vita* sowie bei *Ewige Jugend* an *Achteinhalb*), ist es meines Erachtens viel eher eine Verneigung vor Fellini, die aber immer wieder eigene ästhetische Wege des Ausdrucks sucht. Für mich erklimmt *Ewige Jugend* filmisch den *Zauberberg* (man wird unwillkürlich an den Roman Thomas Manns erinnert, der in nahezu identischem Setting ansiedelt) und gleicht einer Errettung in lustvoller, lyrischer Ironie: durch gewohnt traumwandlerische Einstellungen des

Kameramanns Luca Bigazzi und den tatsächlich magischen *Simple Songs*, durch die schönste Frau des Universums, den größten Fußballspieler der Welt und eine unwiderstehliche Mischung aus Sympathie und Boshaftigkeit gegenüber all seinen Charakteren.

Es gibt da diese Szene, in der Jane Fonda (im grandiosesten Gastauftritt der jüngeren Kinogeschichte!) und Harvey Keitel (als in die Jahre gekommener, arbeitswütiger Regisseur) minutenlang miteinander streiten, weil sie (seine ehemalige Muse) nicht mehr als Star in seinem pathetisch als „Vermächtnis" angekündigten letzten Film mitspielen wird. Wenn die beiden sich schonungslos (selbst) demaskieren, ist es beinahe so, als würde die Filmgeschichte ihre Stimme erheben. Einen schöneren und schmerzhafteren Disput voller Selbstreferenzialität über das Altern, die Rollen, das Kino, seine Geschichte und die Zukunft von Film habe ich niemals gesehen.

La Grande Bellezza gilt für mich als eine Art Vorbote für die *Ewige Jugend*. Er ist der Überschwangsfilm, der die bürgerliche Sehnsucht im Alter nach Sinn zunächst krachend und bunt torpediert, um sie danach hoch oben in die Kindheit und Jugend zurückzuführen.

Parmigiana di melanzane verbindet beide Filme für meinen Geschmack ideal. Mit *La Grande Bellezza* verknüpft das Gericht seine italienische Herkunft, mit *Ewige Jugend* habe ich mich an meine eigene erinnert, in der ich am allerliebsten den Auberginenauflauf meiner Mutter aß. Über die Jahre habe ich ihn an manchen Stellen minimal variiert, doch das Besondere bleibt eine Zutat, die klassischerweise gar nicht dazu gehört: Feta.

Parmigiana di melanzane

Da meine freie Interpretation des Auflaufs auf nur vier Grundelementen beruht (Tomatensauce, Auberginen, Parmesan und eben Feta), ist es unerlässlich, mit ebenjenen vier Produkten von höchster Qualität zu kochen. Meine Tomatensauce besteht schlicht aus Schalotten, Knoblauch, Chilis und Zucker, die mit Geduld behutsam in Butter glasiert werden. Dann kommen San-Marzano-Tomaten aus den unerreichten *Il pomodoro più buono de Vesuvio*-Büchsen mit einem Schluck fruchtigen Olivenöls und einem Spritzer aussagekräftigen Balsamicos hinzu, mindestens 40 Minuten köcheln lassen, bevor schlussendlich verschwenderisch viel kräftiger Parmesankäse (Stravecchione) hinein gerieben wird.

Um die Auberginen bissfest, schmackhaft und nicht zu ölig werden zu lassen, empfehle ich das vorherige Salzen der einzelnen Scheiben. Stehen lassen, abspülen, trocknen, sparsam mit Olivenöl einpinseln und in der Pfanne weich braten. Ich schichte die dünnen Auberginenscheiben zwischen der Tomatensoße und dem von mir hierfür bevorzugten, handelsüblichen *Salakis*-Feta in kleinen Stücken und überdecke den Auflauf schlussendlich mit Butterflocken und wiederum üppig mit altem Parmesan und ausnahmsweise nicht mit dem hierfür zu sanften Büffelmozzarella, um aus Käse-Sicht mit dem recht intensiven Feta geschmacklich auf Augenhöhe zu konkurrieren. Im Ofen nur kurz knusprig backen und am besten lauwarm genießen. Ein kulinarisches Gedicht, das mir – mit frischem Basilikum serviert – die große Schönheit ewiger Jugend in die Sinne ruft. Als Erwachsener liebe ich dann noch einen Rotwein dazu.

LOST IN TRANSLATION

Sofia Coppola, USA / Japan 2003

Zwei Menschen treffen zufällig an einer Hotelbar in Tokyo zusammen. Während der bekannte Schauspieler Bob (Bill Murray) in einer verspäteten Midlife-Crisis steckt und für den japanischen Markt Whis-
key-Werbespots dreht, verbringt die junge Charlotte (Scarlett Johansson) ihre Zeit mit Selbsthilfehör-
büchern und überlegt, wie sie ihrem Freund entfliehen und was sie in ihrem Leben anfangen soll. Sie
verbringen ein paar Tage gemeinsam, verstehen sich nahezu wortlos, erkennen sich im jeweils anderen,
singen Karaoke und werden (k)ein Paar.

Lost in Translation ── „More than This" von Roxy Music, 1982

Der Regisseur John Waters empfahl seinerzeit in Bezug auf *Gerry*, dass man mit niemanden schlafen sollte, der diesen Film nicht liebt. Ich würde für *Lost in Translation* ähnliches anraten. Die Frage des (Film-)Geschmacks wird ja oftmals lapidar heruntergespielt. Dabei ist es doch letztlich nur unser individueller Geschmackssinn, auf den man sich stützen kann, der so etwas wie Identität stiftet, der mehr verrät, als alles sonst. Die ureigenen Neigungen und Abneigungen – das persönliche Weltbild – können aus meiner Sicht durch die Beurteilung von Musik, Literatur, Malerei und eben Film exakter als gemeinhin angenommen, bestimmt werden und so darüber Aufschluss geben, wer man ist, sein möchte und wen man mag. Könnte ich also mit jemandem zusammen sein, der rein gar nichts mit *Citizen Kane* oder den Aufführungen Pina Bauschs anfangen kann? Ich finde, es ist legitim, sich auch spontan einzugestehen, dass jemand nun einfach überhaupt nicht zu einem passt, wenn sie beispielsweise *Jules und Jim* fantastisch findet, in ihr Herz schließt und er währenddessen gelangweilt auf der Couch Mails beantwortet. Oder auch umgekehrt.

Lost in Translation bildet für mich gewissermaßen den Kern aller Geschmacksfragen, denn das Werk ist erstaunlicherweise nicht wirklich unumstritten, da nie so recht greifbar, immer auch unvollendet. Wenn man aber diesem Film verfällt, dann voll und ganz. Ich liebe ihn aufrichtig und werde ihm treu bleiben, er ist zu einem Teil meines Wesens geworden. Wie auch zum Beispiel bei meinem guten Freund Michi, mit dem ich, so oft die Nächte an Bars sitzend, die Momente des Films bei Drinks und Zigaretten seit Jahren schwärmerisch nachfühle. Und so wollten wir oftmals auch einfach nur mit Bob und Charlotte irgendwo an einer Hotelbar sitzen, trinken, rauchen und nach ein paar Wodka Tonics vielleicht dazu auch leise Fleetwood Macs unerreichtes *Rumours*-Album hören. Oder Angel Olsen:

All my life I thought I'd change
All my life I thought I'd change
All my life I thought I'd change
All my life I thought I'd change
All my life I thought I'd change
All my life I thought I'd change
All my life I thought I'd change
All my life I thought I'd change
All my life I thought I'd change
All my life I thought I'd change
All my life I thought I'd change
All my life I thought I'd change
All my life I thought I'd change
All my life I thought I'd change
All my life I thought I'd change

aus *Sister* von Angel Olsen, 2016

– Lost in Dreams. Ich schweife ab.

Der Regisseurin Sofia Coppola gelang in ihrem zweiten Spielfilm etwas Einmaliges: Sie hat zwei Schauspieler auf dem Zenit ihres Schaffens zusammengeführt, dazu eine Stadt, ein Hotel, die Musik auserwählt und dies mit solcher Hingabe ineinander verzahnt, dass ein gegenseitiges Verstehen in Sehnsucht nicht bloß abgebildet, sondern punktgenau eingefangen wurde. All das passiert nie überbordend dramatisch, es entfaltet sich schleichend in der Lobby, auf Partys, per Faxgerät: die unaufgeregte Kraft eines Schwebezustands zwischen Verlorenheit, Melancholie, Aufbruch und Freude.

Aber ja, es ist einfach auch dieses Camouflage-T-Shirt, das pinke Höschen, sein umwerfender Karaoke-Auftritt, ihr Blick, während er singt … Diese Gesangseinlage bleibt für mich die schönste der Filmgeschichte und siedelt dabei noch weit vor der doch auch sehr charmanten *Here comes your Man*-Darbietung Joseph Gordon-Levitts in *(500) Days of Summer*, der *Dracula Song*-Performance in *Nie wieder Sex mit der Ex* oder Will Ferrells hinreißender a cappella-Interpretation von *Afternoon Delight* als Anchorman Ron Burgundy an. Und das will was heißen!

Ich habe bei jedem Wiedersehen das Gefühl, Charlotte und Bob ein Leben lang begleiten zu wollen. Noch nie habe ich mir die Fortsetzung eines Filmes so sehr herbeigesehnt und gleichzeitig dafür gedankt, dass sie niemals gedreht werden wird. Denn es ist dieses verfluchte, begnadete Ende, das flüsternd alles offen lässt. Wird er seinem Alltag, seinen Verpflichtungen, den bequemen und doch so einschränkenden Umständen entfliehen können? Wird sie Mut, kreativen Ausdruck und Erfüllung finden? Werden beide irgendwann verstehen, dass nichts auf dieser Welt wahrhaftiger sein könnte als die Tage, in denen sie fast wortlos Geschmack, Verwirrung, Hoffnung und ihre Sicht auf die Dinge teilten? Werden sie sich jemals wieder sehen? An welchen Punkten stehen sie dann? Und wo genau sollten sie sich denn nochmal begegnen? In Tokyo, Berlin, in Hollywood oder gar Offenbach – in unseren Träumen? Mehr als das.

Sushi und Wodka Tonic

Meine kulinarische Empfehlung heißt hier eindeutig: Entspannung! Ganz nach dem filmischen Vorbild, in dem es im Original in einer Whiskey beschwörenden, grandios grotesken Szene mehrmals heißt: „For relaxing times, make it Suntory time". In den magischen Schleier dieses Films hüllt man sich daher wohl am allerbesten „relaxt" und ausnahmsweise ohne größere Kochaktionen. Ich stelle mir hier immer vor, Gast in jenem Hotel zu sein und dem Personal mit gebrochenem Englisch halbwegs detailliert per Telefon zu vermitteln, dass ich für die Zeit mit Charlotte und Bob liebend gerne eine riesige Sushi-Platte per Zimmerservice geliefert bekomme. Der Zimmerservice kann selbstverständlich auch durch den Sushi-Lieferservice Ihres Vertrauens ersetzt werden. Wichtig ist dabei nur: Trinken. An der Hotelbar ordern die Zwei in beachtlicher Regelmäßigkeit Wodka Tonic und Whiskey (es kann, muss aber aus meiner Sicht nicht zwingend japanischer *Suntory* sein). Ich zähle seit Erscheinen des Films Wodka Tonic (ganz bodenständig und unglamourös mit *Parliament Vodka*, *Schweppes Dry Tonic*, ein paar Eiswürfeln und einer Scheibe Zitrone) in Verbindung mit Sushi zu Momenten des einfachen, unwiderstehlichen Glücks. Prost, Seelentrost!

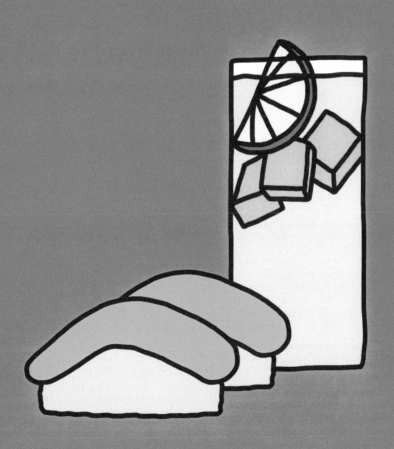

ROSSINI

—

ODER DIE MÖRDERISCHE FRAGE, WER MIT WEM SCHLIEF

Helmut Dietl, Deutschland 1997

Helmut Dietl vereint die gesamte deutsche Schauspiel-Elite und lässt sie beim Münchner Edel-Italiener *Rossini* zusammen Platz nehmen. Während Filmbranche und Schickeria unter ihresgleichen allabendlich dinieren, offenbaren sich bei Schampus und Seezunge ausgewachsene Neurosen und eine unbestimmte Angst vor Einsamkeit.

Rossini —— „Ich hab' ein gutes Gefühl!" _{Herr Melk}

Wann immer *Rossini* im Fernsehen läuft und ich zufällig beim Durchzappen auf ihn stoße, bleibe ich hängen. Ich hatte damals im Kino anno 1997 schon das Gefühl, einen Film gesehen zu haben, den es lohnt, immer wieder und genauer zu schauen, der weit über dem Durchschnitt damaliger deutscher Produktionen lag. Aber es ist viel mehr als das: Helmut Dietls Abgesang auf die Münchener Bussi-Bussi-Gesellschaft und ihre Treffen beim Szene-Italiener ist diese eine noch immer gültige Milieustudie und für mich eines der ganz großen (bisweilen unterschätzten oder gar verkannten) Werke der Filmgeschichte. Was *Rossini* aus meiner Sicht sogar noch über Dietls beste Serien (besonders *Monaco Franze* und *Kir* „Isch kauf Disch einfach" *Royal*) hinauswachsen lässt, ist seine visuelle Brillanz. Die detailverliebte Einrichtung des Lokals (angelehnt an das ehemalige Schwabinger Kult-Restaurant *Romagna Antica*), die Kameraführung und vor allem der Einsatz des Lichts (gedreht wurde größtenteils nur bei Kerzenschein, so formvollendet ausgeleuchtet wie nichts Vergleichbares!) sorgen für eine atmosphärische und optische Eleganz, wie sie mir im deutschen Film nicht mehr begegnete. Natürlich konnte Dietl hierfür die Elite deutscher Schauspieler/innen gewinnen, doch musste dieses Ensemble erst einmal so auf den Punkt agieren, voller Selbstironie und schamloser Spielfreude.

Wie geschickt Regisseur Helmut Dietl und Drehbuchautor Patrick Süskind die drei Handlungsstränge innerhalb des Restaurantbetriebs entfalten und wieder zusammenführen, wie Dietl (sein Alter Ego Götz George) und Süskind (als Schriftsteller Jakob Windisch – „sei nicht kindisch!", gespielt von Joachim Król) ihre Eitelkeiten und Selbstzweifel satirisch reflektieren, wie Dietl der deutschen Filmwirtschaft gesalzen in die Suppe spuckt und den Grad von Klamauk, Groteske und sezierender Analyse spielerisch meistert, erlaubt es, Vergleiche zu Ernst Lubitsch zu ziehen. Die vielleicht schwerste filmische Verbindung von entwaffnender Komik und zutiefst bitterer Tragik funktioniert dann doch immer am besten, wenn alle irgendwie spüren, dass die scheinbare Überzeichnung der Charaktere, des Settings und der Konflikte nichts anderes als die Wahrheit ist. Man muss nicht zwangsläufig wissen, dass der Regis seur selbst Teil jener dargestellten Schickeria und Insider des Hauens und Stechens der Filmbranche war, man erkennt diese Welt in jeder Figurenzeichnung.

Joachim Król, der menschenscheu und völlig phlegmatisch immer nur Gnocchi von Serafina will und niemals die Verfilmung seines Romans. Oder die „hessischen Sparkassenlümmel", die von möglichen Deals beflügelt sind wie erregte Schulbuben. Oder Veronica Ferres, die nichts tun muss, außer leicht anbiedernd, frivol und wie mit 14 zu gucken, um der neue Star des deutschen Kinos zu werden (sie wurde es, an der Seite von Helmut Dietl). Oder Götz George, der neurotisch getrieben und kettenrauchend irgendwo zwischen Magenproblemen und der Erlösung durch eine Frau durch die Szenerie nuschelt. Oder Gudrun Landgrebe, Jan Josef Liefers und Heiner Lauterbach, die einer eskapistischen ménage à trois verfallen, die so wortreich, lüstern, exzessiv und dabei durchweg inhaltsleer bleibt. Oder Mario Adorf, der als Restaurantchef das Zentrum besetzt, mit allen befreundet ist und niemand mit ihm.

Helmut Dietl hat es mit diesen Ausnahme-Akteuren geschafft, eine Komödie über dieselbigen und für das breite Publikum zu inszenieren und dabei ein Porträt über die hiesige Unterhaltungsindustrie auszubreiten – ein letztes Abendmahl für die fetten 1980er Jahre in München, mit verblüffender Bereitschaft zur eigenen Dekonstruktion. *Rossini* wirkt bis heute auf mich erstaunlich befreiend und verrät womöglich mehr über den deutschen Film und die Krisen der Kreativität als jede Analyse von Besucherzahlen. Und ja, es hinken hier auch alle geäußerten Vergleiche zu Neurosen-Meister Woody Allen: Dietls Satire ist leuchtender, sich selbst zerfleischender, mutiger. Und lustiger auch.

Im Ristorante *Rossini* geht es um exklusive Gastlichkeit für all jene, die dem illustren Kreis(lauf) temporär angehören. Trotz des Settings geht es hier weit weniger als in den Genre-Klassikern der Kochkunst um das Essen an sich. Anders als etwa bei den lukullisch ausgefeilten *Babettes Fest*, *Eat Drink Man Woman*, dem so lustvollen *Tampopo* oder dem tieftraurigen *Big Night* finden hier keine detaillierten kulinarischen Prozesse oder Abläufe im Restaurantbetrieb Beachtung (hierfür wäre ein Blick in meine deutsche Lieblingsfilmküche bei *Bella Martha* unumgänglich). Dafür wird bei *Rossini* einem einzigen Gericht unwiderstehlich und charmant gehuldigt. Ich kenne daher kaum einen Film, der so sehr mit einer Speise verknüpft ist und für selbige begeistern konnte wie *Rossini* für Gnocchi.

> Ich war noch nie richtig verliebt. Aber ich stelle mir das Gefühl ähnlich vor wie das, was ich habe, wenn ich den Kellner mit meinem Essen kommen sehe.

Will Ferrell

Wenn Signor Windisch *seine* Gnocchi bestellt, werden Hingabe und Sehnsucht spürbar. Zwar sieht man nie die eigentliche Zubereitung, doch wie Serafina (bezaubernd wie immer: Martina Gedeck!) ihm den dampfenden Teller jedes Mal – mit der entscheidenden Ausnahme des letzten Servierens – präsentiert, ist von purer, anbetungswürdiger Schönheit. Die Verbindung von Gnocchi, Serafina und Nicht-Kommunikation ist als Ausdruck eines Gefühls des Verliebtseins – für Zartheit, Unschuld und Erfüllung – ein gar nicht genug zu schätzender dramaturgischer Kniff.

Si, es kann zu *Rossini* nur diese eine verführerische Speise geben. Bei der Zubereitung von Gnocchi galt mir jahrelang das gleiche Credo wie für die allermeisten Speisen auch: Weniger ist mehr (Geschmack). Und ich liebte sie daher allein mit Salbeibutter, grobem Pfeffer und Parmesan. Bis ich eines Abends vor ungefähr zehn Jahren erstmals bei *Trattodino* saß und Stefans Gnocchi-Variante probieren konnte. Vergessen Sie alles über Gnocchi! Denn diese Rezeptur bedeutet sicherlich nicht nur für Joachim Król Balsam für die Seele.

Gnocchi all'aceto balsamico

Klöße mit Essig. Die Faszination dieses Gerichtes hat nicht nur mit dem wohlklingenden italienischen Namen zu tun. Es sind die einzigartigen Hauptdarsteller, die mittels eines simplen Rezeptes etwas Großartiges entstehen lassen. Zuerst einen Kloßteig aus gekochten Kartoffeln formen – am besten die vom Vorjahr aus dem Keller – und mit Ei, Mehl und einer

Spur Muskat vermengen. Daraus lange daumendicke Würste rollen, mundgerechte Stücke abschneiden. Wer es hinbekommt: über eine Gabel abrollen, damit Rillen entstehen, um die Oberfläche zu vergrößern. Dann in Salzwasser kochen.

Jetzt kommt Parmigiano Reggiano ins Spiel. Oder besser gesagt: Er wird gerieben und mit Sahne und etwas Butter zu einer Sauce geschmolzen. Und als Gegenpart ganz zum Schluss feinsten Balsamico tropfenweise über den angerichteten Teller. Achtung beim Casting: Parmesan und Balsamessig sind zwei einzigartige Produkte der Emilia, aber es gibt riesige Qualitätsunterschiede, die sich hier ungeschminkt offenbaren (mit 36 Monate gereiftem Stravecchio in Verbindung mit einem zwar hochpreisigen, hierfür jedoch unendlich lohnenswerten Aceto Balsamico Tradizionale wird es ganz sicher ein Erlebnis).

Kleine Bruchstücke vom Käse mit einem Tropfen Balsamessig sind in dieser Region Italiens übrigens ein beliebter Snack zum Fernsehen. Gnocchi all'aceto balsamico ist allerdings – in Verbindung mit *Rossini* und einem Kir Royal (ein Schluck Crème de Cassis, dann mit Champagner aufgießen) zuvor – ganz großes *Kino Kulinarisch*! … und im Anschluss alle Songs von Paolo Conte. Laut!

INTERSTELLAR

Christopher Nolan, USA / Großbritannien / Kanada 2014

Interstellar siedelt in einer nicht allzu weit entfernten Zukunft an und beschreibt ein nicht gerade unrea-
listisches Szenario. Die Biosphäre ist hier inzwischen so stark geschädigt, dass die Menschheit gezwungen ist, die Erde zu verlassen und das (Über-)Leben auf einem anderen Planeten zu sichern. Diese dys-
topische Ausgangslage führt ein geheimes Forscher-Team durch Zeit, Raum, Wellen und Wurmlöcher
und taucht schließlich schleichend in eine andere Welt, in der Science-Fiction, Action und Theorie zu
Gunsten der Liebe zwischen Vater und Tochter in den Hintergrund rückt. Regisseur Christopher Nolan
versucht alles, um an die rätselhafte Schönheit des weißen Zimmers aus *2001* zu erinnern, was fraglos
an Blasphemie zu grenzen scheint. Doch gelingt ihm letztlich etwas eigenes, anderes: auf und über-na-
türliche Weise mittels eines Bücherregals und einer Armbanduhr denkwürdig zu unterhalten.

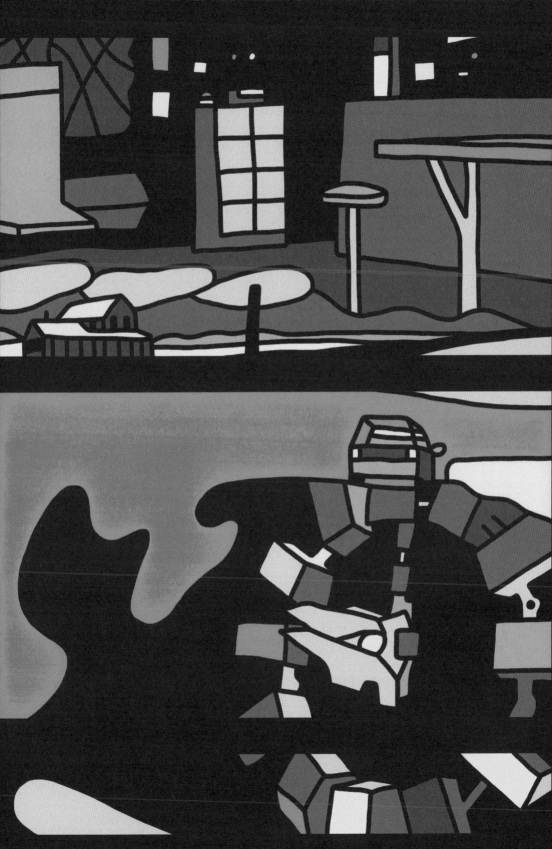

Interstellar —— 2015: Odyssee am Display

Als wir eines Abends in Wien im Bett lagen, erzählte ich ihr begeistert von *Interstellar*, den ich zuvor im Kino gesehen hatte. Trotz der augenscheinlichen Kubrick-Anleihen und dem immer etwas anstrengenden Größenwahn des Regisseurs Christopher Nolan war ich beim ersten Kontakt im Kino überwältigt. Ich war nie wirklich ein Fan der Filme Nolans gewesen. Sein Erstling *Memento* konnte mich entgegen aller hymnischen Kritiken schon nicht in Gänze überzeugen, in der herausragend inszenierten *Batman*-Trilogie fehlte mir das fantastische Element (die warme Magie eines Tim Burtons zum Beispiel) und *Inception* galt mir gar als pseudointellektuelles Ärgernis in Form einer halbgaren, mainstreamhaft verschachtelten David Lynch-Kopie. In all seinen Filmen merkt man ganz schnell, wie gut Nolan sein Handwerk beherrscht. Leider merkt man auch, dass er es recht zwanghaft ausstellen muss. Nun gilt Kubricks *2001: Odyssee im Weltraum* als ultimativer Lieblingsfilm des Regisseurs und Kubrick selbst als dessen Vorbild. Wohin führt aber ein solch übermächtiges Idol? In etwa wäre es so, als möchte man Gott nacheifern. Und da lag möglicherweise immer schon das Nolansche Dilemma.

Mir blieb jedoch nichts anderes übrig, als (ein)zu sehen, dass *Interstellar* trotz oder wegen der Hybris des Regisseurs der fantastischste, rhythmischste, vor allem auch anrührendste Zwitter des Science-Fiction-Genres geworden ist, den nebenbei noch ein ungewohnt zurückhaltender, umso fesselnderer Jahrhundert-Score von Meister Hans Zimmer umhüllt. Beinahe unbegreiflich, wie viel hier und da über das Werk genörgelt wurde, wie wenig Anerkennung es erfuhr (einen einzigen, sinnfreien Effekte-Oscar). Gerade im Gegensatz zu Nolans Einfallsreichtum wirkten die zuletzt vielfach gerühmten Ausflüge ins All oder in noch weitere Galaxien von *Gravity* oder *Arrival* zwar spannend, jedoch eher wie milchbärtige Leichtgewichte. Nolans Kinowunder zeugt von einer Liebe zur Unterhaltung, die – weil so virtuos, mitreißend, verwirrend und mutig ineinandergreifend inszeniert – ein neues Genre begründen könnte: den transzendenten, sich selbst auflösenden Liebesfilm. Weil er Liebe in Form von Energie begreift, oszillierend durch Zeit und Raum, weil er sie durch die Sphären weiterdenkt und sich durch ihre Kraft eine Haltung manifestiert, die nicht nur bestimmte Personen einschließt, sondern auf das Wesen des Menschen an sich abzielt. Und dies in einer mir bislang unbekannten Form, Intensität und Dynamik, wie sie möglicherweise nur bei Eltern zu ihren Kindern Entfaltung finden kann(?). Oder ist das zu plump, zu naiv, zu trivial? Ja, mag sein. Doch eben auch kühn und grandios, kitschig und egal. Vor allem aber spricht der Film damit eine kaum definierbare Sehnsucht nach etwas wirklich Bedeutsamem an, das wir im Kino so nur selten erleben und im Alltag geflissentlich ausblenden.

Natürlich darf ich nicht unerwähnt lassen, dass ich den Film überhaupt nicht verstanden habe. Selbst bei *Bond*-Filmen habe ich für gewöhnlich Probleme, der Handlung zu folgen, genauso wie bei Spionage-Thrillern, in denen ständig neue Namen auftauchen, oder bei Fantasy oder eben Science-Fiction. Aber es handelt sich hier glücklicherweise nur auf erster Ebene um einen Science-Fiction-Film – ein Genre, das mich mit Ausnahme von *2001* noch nie interessierte. Und der ja, wie *Interstellar* eben auch, natürlich nur an der Oberfläche ein ebensolcher Science-Fiction-Film ist, weil er nun mal im Weltraum spielt und da komische Dinge passieren. Aber ansonsten werden dann doch eher die ganz großen Fragen der Menschheit und des Menschseins gestellt und manche sogar – wie in Gestalt HALs – beantwortet. Das Zauberhafte an *Interstellar* ist im Grunde, dass all die Dimensionen und Wurmlöcher, das scheinbar so komplexe Ganze, nicht notwendigerweise im Detail entschlüsselt werden müssen, um in seiner Welt gefangen zu sein.

Wir entschlossen uns jedenfalls in jener Nacht in Wien, den Film sofort zu sehen, sie hatte ihn schließlich im Kino verpasst. Da wir in einem Appartement eines verwunschenen Hinterhofs weder auf Fernseher noch Laptop zurückgreifen konnten, blieb uns nur diese eine, vollkommen wahnsinnige Idee, das Cinemascope-Spektakel im Weltall gemeinsam auf dem Display meines Handys mit einer 11,94 Zentimeter großen Bildschirmdiagonale und integriertem Mini-Lautsprecher zu schauen. Wir fühlten uns schlecht dabei. So, als würde allein der Gedanke an das Vorhaben ein Akt der Entweihung bedeuten. Aber wir steigerten uns da hinein, fühlten uns bei dem Vorhaben gleich auch ein wenig wagemutig und frech.

Die Bilder hinter dem Bücherregal

Nun plädiere sich seit Jahren eindringlich für das Kino als Ort gemeinsamen Erlebens – und schaue jetzt *Interstellar* auf einem handgroßen Bildschirm in einem Klappbett. Und ja, ich schlief nach etwa einer halben Stunde ein, wie so oft bei zu gemütlichen Heimkino-Arrangements. Sie aber war völlig ergriffen!

Gibt es also Filme, die ihre Essenz auf knapp 12 Zentimetern offenbaren, sich über die Grenzen des Aufführungsmediums und auch des -ortes wie selbstverständlich hinwegbewegen? Erlebt man die Zartheit und Kraft dieser Vater-Tochter-Beziehung auch ohne Leinwand, Soundsystem, Publikum und geschlossenem Raum? Unter der bildgewaltigen Action, dem – für mich teilweise doch eher verwirrenden – Philosophie-Diskurs und den circa 200 Metaebenen um Raum, Zeit und irgendwelche Wurmlöcher scheint all die Effekthascherei einer ganz reduzierten, persönlichen Geschichte zurückzustehen. An eine derart sanfte Liebeserklärung kann ich mich im Blockbuster-Kino nicht erinnern, auch weil sie eine Liebe beschreibt, die als Hoffnung und Auftrag formuliert wird. Und möglicherweise ist es genau das, was bleibt, wenn man diesem Film selbst nur in Miniatur-Ausgabe folgt: wahre Größe – die sich geisterhaft hinter einem Bücherregal offenbart.

Ist das Kino als physischer Ort also doch nicht von so entscheidender Bedeutung, die Aura der Aufführung im geschlossenen Dunkel mit vielen mit der Zeit gar nebensächlich geworden? Sicherlich nicht. Allerdings hatte ich ja auch *Dirty Dancing* im Hort, Hitchcock im Klassenzimmer und *Casablanca* zu Hause lieben gelernt. Trotzdem habe ich mich innerlich sofort positioniert und damit getröstet, dass meine Freundin *Interstellar* ungleich ekstatischer im Saal des *Gartenbaukinos* erlebt hätte. Doch wenn man sie über den Film hatte sprechen hören, blieb zumindest ein Restzweifel übrig, ob ein intensiveres Erleben überhaupt möglich schien.

Am Tag darauf trafen wir uns mit Marc Ries, der uns *sein* Wien zeigen wollte. Er lebt vor Ort und hat in Offenbach seit 2010 die Professur für Soziologie und Medientheorie an der Hochschule für Gestaltung inne.

Uns verbinden Kino-Projekte, der Enthusiasmus für Film und eine besondere Form der Freundschaft. Als wir ihm schamhaft von dem nächtlichen Screening berichteten, konnte er es nicht glauben. Ich meine: wirklich nicht glauben! Er dachte an einen Scherz, war zunächst irritiert, dann befremdet, konsterniert, kurz darauf neugierig. Marc konnte dieser Rezeption völlig zu Recht erst einmal nichts abgewinnen. Doch nach allem Unverständnis begann er sofort verstehen zu wollen, wieso wir das taten und vor allem, weshalb es so eindrucksvoll funktionierte. Ist jener Bildschirm die ultimative Probe für ein wahrhaft großes Werk? Ist filmisches, emotionales Erleben letztlich viel eher abhängig von nichtbestimmbaren Situationen, eigener Befindlichkeit oder Bereitschaft?

Meine krude These macht *Interstellar* zu einem Spezialfall: Möglicherweise ist man im Kino den Bildern, dem Score, der Action gleichzeitig und in einem Maße ausgeliefert, so dass (un)bestimmte Dinge auf riesiger Leinwand unsichtbar bleiben und erst in größtmöglicher Reduktion (des Formats) auffallen, ihre Qualität entfalten, eine Fokussierung auf ein einziges Gefühl zulassen und dieses dann steigern.

Zum allgemeinen Stimmungsausgleich gingen wir mit Marc am Abend etwas demütig in die Godard-Retrospektive im kleinen, so außergewöhnlichen, hervorragend kuratierten *Österreichischen Filmmuseum*. Wir schauten *Eine verheiratete Frau*, der neben aller Intellektualität und Technik eine für Godard beinahe untypische Wärme ausstrahlt. Beim Verlassen des Kinosaals erblickte ich ein Zitat, das zur Bewerbung der Filmreihe groß auf einem Plakat prangte:

Jean-Luc Godard

Kunst ist keine Reflexion der Wirklichkeit.
Sie ist die Wirklichkeit dieser Reflexion.

Als mich Marc zwei Jahre später einlud, eine kleine Kuratorenschaft im Kontext zu persönlichem und gemeinsamem Verlangen im Kino/Film (*endless cinematic desire*) zu übernehmen, machte ich es mir zur Aufgabe, meinem filmischen Begehren durch verschiedene, eigens montierte Filmszenen Ausdruck zu verleihen, die dann in einem wunderbaren Kinosaal und in renommierter Gesellschaft gezeigt würden. Ich dachte über die

Möglichkeit nach, dass es unter Umständen witzig wäre, hierfür Sequenzen aus *Interstellar* anzuordnen, abgefilmt von meinem Handy natürlich. Für einen kurzen Moment erinnerte ich mich an die Tage in Wien und an *Interstellar* als eine Art Antithese zu all dem, was ich propagiere, wofür man Kino liebt. Aber es ist dann eben vielleicht doch gar kein Gegensatz, sondern die Freiheit, in bestimmten Situationen und mit einer speziellen Form der Konzentration und Hingabe, der Kinoerfahrung ähnelnde Momente ortsunabhängig schaffen zu können. Auch das hat man im und durch das Kino gelernt.

Wenn ich an *Interstellar* denke, ist mir Wien spürbar nah: die schönsten Kinos und Cafés, die urigen Stuben, prunkvolle Straßenzüge, dreckige Ecken, charmante Plattenläden, Zweigelt am Mittag, diese erhabene, unaufgeregte Entspanntheit – für mich seit jeher die einzig denkbare Alternativ-Stadt zu Offenbach am Main. Und so muss ich bei jeder Reise nach Wien bereits am ersten Abend in das ersehnte *Wratschko* einkehren, um mich zu vergewissern, ob in meiner Lieblings-Gastwirtschaft auch alles noch so ist, wie ich es mochte und ob die faschierten Laibchen noch immer alles aus den Angeln heben würden. Bis hierhin tun sie es.

Faschierte Laibchen mit Erdäpfelsalat

Also Frikadellen mit Kartoffelsalat. Nur noch besser. Vielleicht, weil der Salat diese einmalig sämige Bindung besitzt, noch etwas warm daherkommt und eine herrlich frische, exakt austarierte Note zwischen sauer und süß verspricht. Und dann vereinen sich ja auch noch die besonders würzigen Laibchen auf dem Teller.

Zunächst gebe ich dafür frisch gewolftes Schweine- und Rinderhack mit viel Salz, Pfeffer und wenig Knoblauch in eine Schale. Dann mit Majoran, Ei, Toastbrot (die gezupften Stücke vorher kurz in warmes Wasser einlegen), Zitronenabrieb, Senf, klein gehackten Zwiebeln und ebenso klein gehackter glatter Petersilie zusammenführen. Mit Leidenschaft vermengen (persönlich gebe ich hier gerne auch noch eine fein gewürfelte Gewürzgurke und eine Prise Zimt hinein) und daraus lockere Laibchen formen. Diese wie bei Burgern auch jeweils mittig mit einer Mulde versehen (damit sie in der Pfanne nicht hochsteigen) und bei mittlerer Hitze in etwas Öl oder Butterschmalz kross braten. Wenn man die Laibchen vor dem Anbraten noch kurz in Semmelbrösel wendet, werden sie außen unnachahmlich knusprig und innen absolut saftig, da kaum Flüssigkeit austritt.

Zur gleichen Zeit festkochende Erdäpfel mit Schale in ausreichend Salzwasser kochen und schälen, solange sie warm sind. Dann die Kartoffeln in recht dünne Scheiben in eine große Schüssel schneiden und wiederum kräftig salzen. Mit warmer Rinderbrühe angießen. Zur Marinade: sehr fein gehackte rote Zwiebeln (wer mag, vorher blanchieren), Estragon-Senf und weißer Pfeffer ergänzen den milden Apfelessig und die doppelte Menge eines völlig neutralen Sonnenblumenöls. Eine mutige Prise Zucker rundet die Vinaigrette perfekt ab. Und schließlich: alles verbinden und vorsichtig (dennoch intensiv) vermischen, bis sich eine sämige, glasig-feuchte Struktur ergibt. Jetzt nur noch schnell mit frischem Schnittlauch (oder Radieschen oder Salatgurke, beides hier nicht wirklich mein Fall) garnieren und lauwarm genießen. Hierzu ein Fassbier. Der Himmel über Wien!

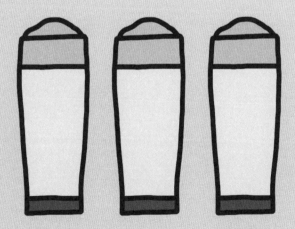

THE WRESTLER

Darren Aronofsky, USA / Frankreich 2008

Dem von unzähligen Kämpfen und Exzessen gezeichneten Wrestler Randy „The Ram" (Mickey Rourke),
der seine erfolgreiche Zeit im Ring längst hinter sich hat, bieten sich noch einmal ungeahnte Chancen,
sein Leben gänzlich neu auszurichten. Er hat die Qual der Wahl. Hat er?

The Wrestler —— „Sweet Child o' Mine" von Guns N' Roses, 1987

Im Januar 2016 eröffnete ich mit dem *Broken Dreams Club* – vielleicht aus einer ganz leichten Trotzhaltung heraus – eine kleine Filmreihe in meiner Lieblingskneipe. Es war die Zeit, in der Offenbach als Kreativstandort und hipste Stadt Deutschlands gepriesen wurde und man als gebürtiger Offenbacher nicht so recht wusste, ob man sich darüber wundern, ärgern oder einfach nur schmunzeln sollte. Zumindest die Kinoprojekte boomten wie nie zuvor: egal ob *Stummfilm und Ton* oder *Kino Kulinarisch* im *Deutschen Ledermuseum*, die kulinarische Gala-Variante in der *Alten Schlosserei* der EVO wie auch das *Ladenkino*, das an die frühe Geschichte des Kinos erinnerte, als in Gaststätten und Kaufläden temporäre Räume für öffentliche Projektionen entstanden. Wenn alles läuft, wird es ja meistens gewöhnlich. Und so wollte ich mit dem *Broken Dreams Club* wahrscheinlich einen Widerspruch erzeugen. Wenn auch intuitiv und nur für mich. Kein Ort schien mir geeigneter als das *Chamäleon* zu sein, an dessen Tresen wir früher so viele Ideen, Träume, Projekte und Konzepte nächtelang ausbaldowert hatten, um sie tags darauf natürlich nie anzugehen. Diese Kneipe war mit Anfang 20 unser heiliger Tischkicker-Treffpunkt, Fußballstammtisch, Sehnsuchtsort.

In diesen paar Quadratmetern, in denen der Dunst so vieler Emotionen und gescheiterter Vorhaben hing, wollte ich nun Filme über das Scheitern zeigen. Mehr Konzept gab es bei der „aus'm Bauch raus"-Idee im Grunde gar nicht, außer dass ein DJ am jeweiligen Filmabend Musik auflegte und der Abend mit einer speziellen Getränke- und Speisenauswahl aufwartete. Wir verzichteten gänzlich auf Bekanntmachung und Werbung, weil das Scheitern des Projekts ja schon in seinem Titel immanent war und der Koketterie freien Lauf ließ. Ich müsste allerdings lügen, wenn ich behaupte, es wäre mir egal gewesen, ob Leute kamen oder nicht. Ich hatte wohl insgeheim gehofft, dass diese Filmreihe sich entgegen jeder Logik durchsetzen würde. Und ja, möglicherweise war es auch nur eine augenzwinkernde Übung, um zu schauen, wie weit man gehen kann, ob hier im behaupteten aufkeimenden Szene-Viertel Offenbachs wirklich schon „new urban cinema" in Richtung Brooklyn oder Neukölln klappt. Aber es blieb die ernüchternde wie befreiende Erkenntnis, dass Offenbach eben doch nicht Berlin ist und es auch – so Gott will – niemals sein wird. Enge Freunde kamen, das Bier schmeckte, die gewohnten Schlangen blieben aus.

Ringen um Bedeutung

Wenn es einen Film gibt, der das Scheitern zur Kunstform erhebt, die Schönheit im Niedergang visuell greifbar macht, dem Kino die Körperlichkeit zurückbringt, ist es für mich Darren Aronofskys *The Wrestler* aus dem Jahr 2008, zu dem wir im *Broken Dreams Club* wie immer Linsensuppe, Rindswurst, Bier und Schnaps einnahmen. Der vergessene 1980er Jahre-Star Mickey Rourke, seit dieser Zeit zwischen Rüpel und Freak selbst zur Kunstfigur des White Trash gereift, spielt Randy „The Ram", einen Wrestler, der ebenfalls seine große Zeit während der 80er längst hinter sich hat, einst als gefeierte Kultfigur des Wrestlings galt. Randy wohnt nun in einem Wohnwagen, ringt in schäbigen Hallen für ein Taschengeld und bezieht Woche für Woche weitere Prügel. Ein Abgehängter, dem sich in Form zweier Frauen (darunter seine Tochter, zu der er jahrelang keinen Kontakt hatte) noch einmal zwei unerwartete Chancen auf einen Neuanfang bieten. Wie er diese Chancen versiebt, wie er gar nicht anders kann, außer zu seinen Bedingungen alles erneut zu verlieren, ist schmerzhaft wie herzzerreißend zugleich. Und obwohl man recht schnell ahnt, wie der Film in etwa ausgehen wird, ist das Ende eines der erinnerungswürdigsten der jüngeren Filmgeschichte. Randy wird für den Jubel, den Applaus, den identitätsstiftenden Ring, sein Leben geben. Er schreitet, durch einen Herzinfarkt längst schwer gezeichnet, noch einmal in ein letztes Gefecht, nach Hause, dorthin, wo er sich wirklich auskennt – kletternd auf seine Seile. Er springt und die Kamera blendet ab, es erklingt Bruce Springsteen, der eigens für *The Wrestler* den gleichnamigen Song geschrieben hatte. Für einen, der Mickey Rourke von *Barfly* bis *9½ Wochen* immer sehr mochte und den Boss sehr verehrt, ist das mehr, als man gemeinhin ertragen kann. Pathos, Herz, Schmerz und das Zerschmettern des amerikanischen Traums, erzählt in einer denkbar einfachen Geschichte mit Wirkungstreffern.

Es fällt hier so unglaublich schwer, Rolle und Hauptdarsteller voneinander zu trennen. Es geht im Grunde nicht. Und eben das ist der gespenstische Coup dieses Films. Mickey Rourke, der als Jungstar immer einen rebellischen Hauch von James Dean in sich trug, dann abstürzte, von der Bildfläche verschwand, dann zum belächelten Zirkusboxer wurde, feierte mit *The Wrestler* ein nicht mehr für möglich gehaltenes Comeback, weil sich Aronofsky an ihn und seine Aura erinnerte. Die Kamera bleibt immer bei ihm, folgt seinem Körper, den Furchen und Narben der Vergangenheit, die gleichzeitig sein Kapital wie den Verfall demonstrieren. Mickey Rourke gelingt es, in aller Grobheit etwas wahrhaft Liebevolles zu transportieren. Dieser Randy mag ein Vollidiot gewesen sein, der sein Leben verpfuscht hat oder mit dem Wandel nicht Schritt halten wollte, aber man wünscht sich so sehr, dass er es verdammt nochmal umbiegt, sich aufrafft, es schafft, sich um die, die ihn lieben, zu kümmern und so letztlich auch um sich selbst. Und das wünscht man dem *Wrestler* wie auch Mickey Rourke, der hiermit noch einmal seine zweite Chance in Hollywood bekam. Und er hat sie für diesen einen Moment bestmöglich genutzt. Aber wenn man ihn sah bei all den Interviews, der Oscarverleihung und seine Laufbahn seitdem ein wenig verfolgt, weiß man, dass auch er diese Chance nicht nutzen wird. Nie war Verlieren so unabdingbar miteinander verzahnt. Und nie war das Verhältnis von Rolle und Person unmittelbarer ineinander verwoben.

Große Filme, die vom Scheitern erzählen, haben ja oftmals gemein, dass Verlierer nicht anders können, als glorreich zu scheitern – weil sie im Leben, so kafkaesk es sich anhört, nicht die Laufrichtung ändern. Und da nichts menschlicher ist, als genau dies, sind die aufrichtigsten Filme oftmals gewissermaßen dem Scheitern verpflichtet. So wie Paul Newman in *Haie der Großstadt* als getriebener, herrlich arroganter „Fast Eddie" das schönste Billard der Welt spielte, aber nicht weiß, wann er aufhören muss oder sämtliche Charaktere der Coen-Brüder – allen voran *A Serious Man* – die sich allerdings beinahe widerstandslos ihrem Schicksal ergeben. Hier wie dort geht es um Würde – und darum, Wege zu finden, sie zu verteidigen. Zur Not bis zum letzten Atemzug. Und dabei geht es dem Wrestler eben nicht nur um Applaus oder Ruhm, sondern um das Entfliehen vor der Einsamkeit, vor sich selbst – ein Gefühl, das ihm allein der Gang in den Ring für Momente beschert.

Randy „The Ram" scheitert nicht wirklich in Würde. Es ist viel einfacher und ungleich größer: Er verleiht dem Scheitern eine Bedeutung. Und Aronofsky hat ihnen, Randy wie Mickey Rourke, einen wütenden, zärtlichen Film gewidmet, der Wrestling mit Showbiz, Amerika und den realen Lebensbedingungen gleichsetzt, um so in ein zutiefst traumatisiertes Land zu blicken. Und zwar nicht mit dem Auge des Tigers, so wie zuletzt noch bei *Rocky III*.

I Just Wasn't Made for These Times

The Beach Boys, 1966

Das *Chamäleon* hat im Übrigen kürzlich nach über 25 Jahren seinen Betrieb eingestellt. Meine prägende Stammkneipe gibt es nicht mehr. So auch nie mehr den *Broken Dreams Club*. Das erzählt möglicherweise mehr über Offenbach als sämtliche Masterpläne, Marketingmärchen und Presseartikel zusammen. Die Geschichten vom kreativen Aufschwung des „coolen Brooklyn" am Main, von blühender Kultur, Kreativität und einer spannenden Kunstszene, von so vielen Bars, Kneipen und Cafés, von Studenten, die jetzt alle hierherziehen, um am Puls der Zeit leben zu können, sie haben im *Chamäleon* sowieso nie jemanden wirklich tangiert. Es war sehr angenehm hier.

Um diesen Film würdig mit all seinem Pathos und Schmerz zu begehen, empfehle ich zur musikalischen Einstimmung alles von *Guns N' Roses* (und unter gar keinen Umständen irgendwas von *Nirvana*), so wie es einst Matthias Braun im *Broken Dreams Club* für uns arrangierte.

Zwar aßen wir im *Chamäleon* stets Linsensuppe, die wir rustikal mit Essig und Senf verfeinerten, doch möchte ich es wagen, hier Linsen in Form eines Salates vorzuschlagen, da ihr Aroma für mich so noch viel mehr Ausdruck besitzt. Das Rezept ist einerseits stark von dem Linsensalat einer Freundin inspiriert und orientiert sich andererseits an einstigen Hinweisen von Spitzenkoch Christian Jürgens, die ich im *SZ-Ma-*

gazin erspähte. Als ich die ersten Male beide Rezepte per Zufall intuitiv zusammenführte, hier und da etwas wegließ und um ein paar eigene Eingebungen ergänzte, war ich restlos begeistert, was Linsen am Gaumen ausrichten können: kleine Geschmacksexplosionen, die allein durch die Verbindung mit anderen Zutaten eigentlich rational kaum zu erklären sind. Allerdings sind dann doch ein paar wenige spezielle Produkte maßgeblich für das Ergebnis.

Linsensalat

Ich nehme die französischen Puy-Linsen zur Hand und koche sie ganz ohne Salz etwa 20 Minuten, bis sie gerade noch bissfest sind. Dann geht es nur noch um die Vinaigrette: ungefähr so viel Olivenöl wie Balsamico und Zitronensaft zusammen in eine Schüssel geben und zu gleichen Teilen große Kleckse Dijon-Senf und Honig einrühren. Während das Ganze schon jetzt ausreichend Meersalz und weißen Pfeffer verträgt, schneide ich Lauchzwiebeln hauchdünn, viel glatte Petersilie und Estragon klein (wirklich extrem klein!) und mische es unter. Bevor ich die warmen Linsen mit der Vinaigrette verbinde, kommen halbierte Kirschtomaten in Rot und Gelb hinzu. Und wer mag, auch noch kleingehackte gelbe Paprika (ich nicht). Nach dem Durchmischen das Ganze kurz ziehen lassen und mit Rucola garnieren. Was Linsen können!

Natürlich kann man hierzu auch wunderbar einen Bachsaibling oder gebratene Garnelen servieren, doch finde ich, dass diese Linsen bestens alleine für sich stehen können und alle Konzentration als Hauptgericht verdienen. Mit Ausnahme eines hochwertigen Apfelweins oder Cidres, die sich erstaunlich gut hierzu empfehlen.

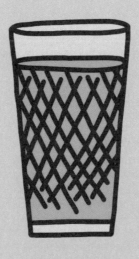

TONI ERDMANN

Maren Ade, Deutschland/Österreich/Monaco/Rumänien/Frankreich/Schweiz 2016

Der pensionierte Musiklehrer Winfried Conradi (Peter Simonischek) möchte am Leben seiner sich entfremdenden Tochter Ines (Sandra Hüller) teilhaben. Er besucht sie in Bukarest, wo sie als Unternehmensberaterin mit kapitalistischer Kompromisslosigkeit Outsourcing-Strategien entwickelt und auch ansonsten Tag und Nacht im Dienste ihres Arbeitgebers funktioniert. Der Spontanbesuch des Vaters, jetzt als Toni Erdmann mit Faible für Schabernack und Kostümierung unterwegs, durchkreuzt jäh und folgenreich die strukturierte wie seelenlose Arbeitswelt der Tochter.

Toni Erdmann —— „The Greatest Love of All" von George Benson, 1977

Eine Freundin behauptete jüngst recht meinungsstark, dass Menschen mit wenig Hang zur Selbstironie oder gar der Unfähigkeit, über sich selbst zu lachen, *Toni Erdmann* exakt aus diesen Gründen nichts abgewinnen könnten. Man brauche eine gewisse Bereitschaft, eigene Schwäche zu zeigen, um Peter Simonischek (und im späteren Verlauf auch Sandra Hüller) ins Herz schließen zu können. So frech diese Unterstellung im ersten Moment vielleicht auch klingen mag, sie erschien mir nicht gänzlich falsch genug, um sie hier voranzustellen. Doch gibt es aus meiner Sicht einen noch viel stärkeren Grund, weshalb *Toni Erdmann* – dieser so seltene Glücksfall des deutschen Films – beim Publikum im Allgemeinen zumindest umstritten war. Wenn es noch einen Beweis für die unabdingbare Notwendigkeit des gemeinsamen Kinoerlebens gebraucht hätte, hat ihn dieser Film im Jahr 2016 unnachahmlich vor Augen geführt. Viele Menschen, die *Toni* nicht mochten, den Humor, die Zartheit, die famosen Brüche nicht wertschätzen konnten, hatten – zumindest nach einer kleinen Analyse im Freundeskreis – eines gemein: Sie hatten ihn alleine oder zu zweit zu Hause gesehen, auf DVD oder gar auf dem Laptop. Bevor ich *Toni Erdmann* selbst sechs Mal vorführen durfte, war ich mit meiner Mutter zweimal kurz hintereinander im Kino gewesen. Man sieht ihn im Kino anders. Selbstverständlich ist das bei jedem Film so, hier jedoch absolut eklatant. Das gemeinsame Lachen, das Trauern, das Fremdschämen, die Ekstase und natürlich jene Jahrhundert-Performance von Whitney Schnuck erlebt man im Dunkeln mit vielen erst so, wie es sein muss. Wie es im Kino nur sein kann. In seiner Rückkopplung auf uns selbst:

aus *Greatest Love of All* von Whitney Houston, 1985

I decided long ago
Never to walk in anyone's shadows
If I fail, if I succeed
At least I'll live as I believe
No matter what they take from me
They can't take away my dignity

Im Blödeln und Albern, in jeder noch so ungeschickten Annäherung von Vater zu Tochter, von der Power Point-Präsentation zum Eierbemalen bis hin zum kathartischen Nacktempfang durchläuft man im Kino einen inneren Prozess, der erst durch die kollektive Reaktion stimuliert, befeuert und ausgelöst wird. Ich habe niemals einen Film gezeigt, bei dem es mehrfach zu Szenenapplaus, am Ende zweimal zu stehenden Ovationen kam, währenddessen gemeinsam so laut gelacht wurde und zwischendurch irritiert, beklommen zu Boden geblickt. Hätte Maren Ade – spätestens seit *Alle Anderen* für mich die größte Hoffnung des deutschen Films – die imaginäre Aufgabe gehabt, einen Film über Deutschland zu drehen, über das Verhältnis der Generationen, über Väter und Töchter, über Verlust und Sehnsucht, über Kontrolle und Kapitalismus, dann hätte sie all das meisterhaft mutig in Einklang gebracht. Mit zwei Ausnahme-Darstellern, die eine eigene Welt samt widersprüchlichster Identifikationsmuster entstehen lassen. Mit einer Käsereibe, einem Paar Handschellen und einem Gebiss-Imitat – und ohne wirklichen Plot. Dafür mit mehr Witz, Wärme, Haltung und Trost als 20 Jahre deutsches Kino zusammen.

Der große französische Filmkritiker Serge Daney hatte beschrieben, dass die Filme, die er in jungen Jahren gesehen hatte – so zwischen 12 und 20 – diejenigen seien, die seinen Geschmack festlegten. Die ihn prägten, mit Haut und Haaren verschlangen. So wäre demnach maßgeblich schicksalhaft, welche Filme man eben in diesen Jahren erblickte, welchen Regisseuren man für immer verfalle und welchen nicht. Im Umkehrschluss stellte er fest, dass es danach zwar noch eine Vielzahl herausragender Filmeindrücke geben könne, nichts jedoch an die Kraft des jugendlichen „Erstkontakts" heranreiche. In großen Teilen klingt das plausibel. Doch hat Daney *Toni Erdmann* eben auch nicht mehr im Kino erlebt. Mich hat er zumindest so eingenommen, wie jene Filme, die in frühen Jahren meine Liebe zum Kino entfachten. Wir hatten zweimal ein Gefühl von Demut und Dankbarkeit beim Verlassen des Kinosaals. Einfach darüber, dass es solche Filme gibt. Mit *Toni* im Kino gewesen. Gestrahlt.

Als *Toni Erdmann* seine Tochter in eine Bukarester Mall auf ausgedehnte Shopping-Tour begleitet, entdeckt er einen deutschen Discounter, in dem er heimlich alle Zutaten für Spaghetti mit Tomatensauce, *das* einfachste

Gericht, das bekanntermaßen jeden Kummer in der Welt für Momente vergessen lässt, besorgt. Nicht nur, dass er selbst seine Tochter liebevoll „Spaghetti" nennt, er kocht am späten Abend die einzig dazu passende Sauce mit vollem Einsatz. Bei Tomatensauce hat sicher jede/r ein ganz eigenes Traditionsrezept im Kopf und am Gaumen, das sich über viele Jahre bewährte. Klar ist: je simpler das Gericht – und so wenige Zutaten es umfasst – desto genauer müssen grundsätzliche Schritte sitzen.

Tomatensauce und Spaghetti

Ich dünste Zwiebeln, ganz wenig Knoblauch und zerkleinerte rote Chilis ausschließlich in Butter (wirklich ganz langsam und sanft), um sie ein wenig später mit einer Prise braunem Zucker leicht zu karamellisieren. Dann gebe ich zwei Dosen fruchtig-süßer Kirschtomaten dazu (*O Sole e Napule il Pomodorino*), salze und zuckere noch etwas nach und lasse alles für mindestens 45 Minuten bei recht geringer Hitze vor sich hin köcheln. Kurz vorm Servieren verfeinere ich gerne – wie beinahe alles – mit einem Schuss Säure vom Balsamico, einem Spritzer fruchtig-intensiven Oliven-öls (das *Reserva Familiar Picual* von *Castillo de Canena* aus Andalusien ist für meinen Geschmack seit Jahren hierfür unerreicht!), einem Hauch Orangenabrieb und ein paar Tropfen -saft sowie frisches Basilikum und reibe schon mal mit der geschenkten Reibe eine große Schüssel richtig guten Parmesan. Bloß keine frischen Tomaten, getrocknete Gewürzmi-schungen, Rotwein, Mehlschwitze, Speck oder irgendetwas anderes, was von diesem einmalig sämigen, roten Faden ablenken könnte. Höchstens am Ende noch eine Kelle des Nudelwassers für die perfekte Bindung von Pasta und Sugo in die Sauce hinzufügen.

Bei den Nudeln empfehle ich mit Nachdruck (zugegeben, nicht ganz *Lidl*-like à la Toni) die handgemachten *Gli* Spaghetti der toskanischen Familie Martelli mit ihrer rauen, saugfähigen Oberfläche und dem festen, klaren Biss nach etwa 13 Minuten kochend salziger (niemals öliger) Garzeit in einem riesigen Kochtopf. Gelingen immer! Unkomplizierter zu bekom-men sind allerdings die industriell hergestellten *De Cecco n° 12* – geschmack-lich etwas weniger spezifisch und in ihrer Struktur gleichförmiger, dafür ebenfalls mit beeindruckender al dente-Garantie. Sie verbinden sich mit der Sugo in ähnlicher Perfektion wie die von Hand gemachten. Zu dieser puren Pasta darf es auch mal ein Barolo sein!

Und ja, man kommt relativ schnell darauf, wenn man sich diese Szene nochmals vergegenwärtigt: Petits Fours als Nachtisch stehen zu Toni Erdmann fest! Die süßen Teilchen zu kredenzen heißt, mit dem Charakter des Films und mit Toni im Geiste zu handeln. Angesichts der geschmacklich doch leicht irritierenden Szene könnte das Servieren in einer größeren Runde durchaus ein klein wenig distanzlos, makaber bis albern ausgelegt werden. Aber auch: zuckersüß – erdmannesk eben, so wie es sein soll. Da ich kein passionierter Bäcker bin und Petits Fours zur Königsdisziplin der Backkunst zählen, rate ich hier zum Besuch des besten Konditors der Stadt. Etwas verfeinern kann man sie dann immer noch nach Lust und Laune.

PRETTY WOMAN

Garry Marshall, USA 1990

Der erfolgreiche Geschäftsmann Edward Lewis (Richard Gere) verfährt sich auf der Suche nach seinem Hotel und fragt die Prostituierte Vivian Ward (Julia Roberts) nach dem Weg. Sie steigt ein, kommt mit ins Hotel, lacht über Sitcoms, singt im Whirlpool, lässt sich bezahlen, begleitet zu Empfängen, verzaubert uns alle und verändert sein Leben für alle Zeit.

Pretty Woman —— „That's just geography!" Vivian Ward, Originalfassung

Ganz früher wollte ich immer wie Richard Gere sein. Gelassen, eloquent, elegant. Mit den Jahren wäre ich ehrlich gesagt dann doch viel lieber wie Julia Roberts.

Für mich geht nichts über den Gang ins Kino, den Aufbruch, die innere Einstellung, das Schlangestehen, die Konzentration, das alles eben. Aber sich an verregneten Sonntagen mit drei Packungen Eis nach einem üppigen Mittagessen auf der Couch einzufinden … nun, es darf auch diese Heimkinomomente geben. Einer der schönsten bleibt für mich *Pretty Woman*, dieses perfekte Traumfabrikprodukt, das sich für mich jedem Cineastenhochmut leichtfüßig wie bestimmt widersetzt.

Die Geschichte vom sinnsuchenden Workaholic mit Kohle und der selbstbestimmten Prostituierten mit Herz – geschenkt! Was zählt, ist Julia Roberts. Die damals 22-Jährige ist das Epizentrum des Films: Wie man *Wege zum Ruhm* als 24-stündige Dauerschleife Wehrdienstleistenden vorführen sollte oder *Rhythm Is It!* allen angehenden Lehrerinnen und Lehrern, so dürfte *Pretty Woman* für meinen Geschmack als Paradebeispiel an Schauspielschulen Eingang finden. Die Performance von Julia Roberts ist immer wieder aufs Neue und auch nach 29 Jahren eine Offenbarung. Es ist ein Agieren – so abgedroschen es klingen mag – mit Leib und Seele. Weil alles stimmt: jeder Augenaufschlag, die umständlichen Bewegungen, das naive Zaudern, das Verletzliche, diese unaufgeregte Souveränität, die Größe und Stärke, in einer eben nur scheinbar untergebenen Position. Man spricht ja gerne vom Zauber und der Magie eines Filmstars, dabei galten diese Zuschreibungen eher Darstellerinnen und Darstellern der 1940er und 50er Jahre, als die Traumfabrik zu wirken begann. Julia Roberts verbindet in der Rolle von Vivian Ward diese nicht immer greifbaren Elemente solch einer Schauspielleistung, die einen Film imstande sind, alleine zu tragen, die aus einem mittelmäßigen Streifen einen guten und – wie im Fall von *Pretty Woman* – aus einem guten einen erinnerungswürdigen Film machen. Sie überführt das Kino als Starvehikel in die 1990er Jahre – Momente, mit denen die Filmgeschichte nicht allzu verschwenderisch ist.

Es sind Szenen der Ausgelassenheit (wie etwa Vivian *Kiss*-singend im Whirlpool), der Scham (Shopping, Part 1) oder der süßen Rache (Shopping, Part 2), in denen man Zeuge der Geburt eines Weltstars wird, die im Kino meiner Generation durchaus spärlich gesät sind. Weil man ihr von Beginn an alles einfach aufrichtig glaubt, mit ihr Zeit verbringen darf und immer auch ein bisschen stolz darauf ist, wie selbstverständlich sie jeden Raum einnimmt. Der Film verrät uns beinahe einen Tick zu oft, dass es sich bei der Geschichte um ein Märchen, einen Hollywood-Zuckerguss handelt. Und manch Kritiker würde sicher entgegnen, dass all das doch eher einem verkaufsträchtigen Luftschloss oder gar einem kapitalistischen Albtraum entspräche. Immerhin verschluckt das Kapital in Person von Richard Gere schlussendlich das Menschliche, die inzwischen angepasste, entzauberte Prinzessin ließe sich so gesehen von den Mechanismen der Macht und des Geldes verführen und vom Mann unterwerfen. Aber kommt schon, jetzt mal im Ernst! Wer glaubt wirklich, dass diese Frau sich den patriarchalisch besetzten ökonomischen Strukturen unterordnen wird? Es ist Julia Roberts. Und wenn sie Richard Gere dann eben doch nicht von seinem Vaterkomplex erlösen kann, er in alte Muster verfällt oder ihr auch nur dauerhaft einfach zu langweilig wird (leise Vermutung), ist sie eben weg und macht weiter ihr Ding. Es ist ganz allein ihr Film, ihr Märchen, ihr Weg.

Die Szene im Restaurant mit den „schlüpfrigen Scheißerchen", bei der nicht alle Schnecken auf dem Teller bleiben, wird demnach kulinarisch bewusst ignoriert (passt für meinen Geschmack auch nicht wirklich zu einem heimeligen Sonntagnachmittag). Und da Vivians einzig geäußerter Verköstigungswunsch sowieso ein nicht allzu aufregender „Snap Dog" ist (die Überraschungsvariante eines Hot Dog, auch Richard Gere war ahnungslos) werde ich alles daran setzen, den kulinarischen Schwerpunkt so mutig wie anregend ins Flüssige zu verlagern. Dass hierbei zwingend Champagner mit Erdbeeren zu ihrem Einsatz kommen, bedarf wohl keiner weiteren Erklärung. Außer natürlich, dass die Erdbeeren den Geschmack des Champagners so perfekt unterstreichen und man nicht mehr als ebendiese Aromen zu besonderen Stimmungen braucht (da hat Richard Gere dann doch auch mal Recht!).

Überhaupt Champagner: Man sollte ihn viel öfter trinken. Auch mittags, mal so zwischendurch. Gegen die Effizienz, das notorische Sparen, worauf auch immer. Und gegen das zunehmend Genussfeindliche in der Leistungsgesellschaft. Mehr Märchen, mehr Zauber, mehr Verschwendung, mehr Seele, mehr Julia Roberts und mehr prickelnden Schampus, jetzt! Dann fehlt nur noch die Zahnseide ...

Ich kann diese Sonntage im Übrigen cineastisch durchaus variieren und gleich mehrfach wiederholen. Auf *Harry und Sally*, *Jerry Maguire*, *Frühstück bei Tiffany*, *Good Will Hunting*, *Anchorman*, sogar *Gladiator* (mein Freund Itchlana kann jedes einzige Wort auswendig und unnachahmlich rezitieren!) oder *Jurassic Park* (auch irgendwann im *Capitol* mit Liveorchester, Ralph!) werde ich niemals etwas kommen lassen. Darauf noch ein Eis mit viel Soße und Crunch, in gemütlicher Jogginghose. Aber *Pretty Woman* mit Schampus und Erdbeeren bleibt immer eine Klasse für sich!

Erdbeeren und Champagner

Es gibt diese Paare, die für immer miteinander auskommen werden, die sich unterstützen, bedingen, das Beste des jeweils anderen überhaupt erst zur Entfaltung bringen. Zumindest in der Kulinarik: Avocado und Zitrone, Garnelen und Rosmarin, Sushi und Silvaner, Pizza und Lambrusco, Pommes mit Mayo und eiskalter Cola, aber absolut nichts kommt an dieses Verhältnis von Champagner und Erdbeeren heran: das ultimative, gleichzeitige Leuchten zweier gleichberechtigter Partner!

Sollten Erdbeeren in einsamen Stunden mal ganz ohne prickelnden Begleiter auftreten, möchte ich verraten, wie sie mir seit meiner Kindheit am allerbesten schmecken. Vorausgesetzt, sie sind zuckersüß, kombiniere ich sie mit Limettensaft, frischem Basilikum (wahlweise Minze) und grünen Pfefferkörnern. Wer mag, gibt noch einen Hauch Vanillezucker dazu oder – wie ich es seltsamerweise lieben lernte – ein paar Tropfen Kondensmilch von der *Bärenmarke*. Das muss allerdings nicht sein und ist möglicherweise nur eine Angewohnheit, die nicht mehr vollständig verschwinden wird. So wie die obligatorische Packung Vanille-Eis.

AMERICAN HONEY

Andrea Arnold, Großbritannien / USA 2016

Regisseurin Andrea Arnold stutzt die Weite der amerikanischen Landschaft per Format und kastriert damit stilistisch von Beginn an die allgemeinhin behauptete Freiheit des Landes. Die 18-jährige Star (Sasha Lane) lebt in prekären Verhältnissen und bricht aus ihrem zehrenden Alltag aus, um sich einer jungen, partywütigen Drückerkolonne anzuschließen. Sie fahren durch die USA, hören Hip Hop-Musik, verkaufen Zeitschriften-Abonnements von Tür zu Tür, betrinken sich, flirten, knutschen, streiten im Bus. Mit dokumentarischer Genauigkeit entsteht ein ruhiges wie wildes Roadmovie über die Schönheit des inneren Brennens in einem vom Kapitalismus gebrandmarkten Land.

American Honey —— „You can't start a fire without a spark" aus *Dancing in the Dark* von Bruce Springsteen, 1984

Ich bin ja nie wirklich aus Offenbach rausgekommen. Bis auf eine ganz kurze Berliner *Oh Boy*-Episode. Vielleicht liegt da ein Grund, wieso ich mich zumindest in Filmen liebend gerne weit weg träume und das Genre des Roadmovies verehre. Allen voran *Bonnie und Clyde* und *Paris, Texas,* aber auch *Badlands,* die rasanten *True Romance* und *Thelma & Louise* genauso wie der gegenteilige, wunderbar gemächliche *The Straight Story.* Alle spielen sie in und mit Amerika, und alle befragen den amerikanischen Traum auf ganz unterschiedliche Art und Weise nach seiner Gültigkeit, vermessen den Raum mit allen Gegensätzen zur Lebensrealität.

Die Liebe zu amerikanischem Kino respektive zu Amerika selbst war mir seit Kindheitstagen gegeben, und das konnten mir auch sämtliche akademische Filmseminare und antiamerikanisch geprägte Studenten-Diskurse im Laufe der Uni-Zeit nicht mehr streitig machen. Was nicht heißen soll, dass mich die amerikanische Wirtschaft und Außenpolitik vergangener Jahrzehnte nicht auch massiv befremdete, geschweige denn ahnte ich, was da unglaublicherweise noch alles kommen sollte. Doch habe ich zu jener Zeit vielleicht ein bisschen zu oft, zu einseitig und undifferenziert die raumgreifende Diffamierung eines gesamten Landes, der Bevölkerung und ihrer Kultur in endlosen Diskussionen wahrnehmen müssen. Ich habe zur gleichen Zeit *Die Simpsons* und *Die Sopranos* geliebt, mich am Kino von Orson Welles, Billy Wilder, Stanley Kubrick, Martin Scorsese, David Lynch oder Steven Spielberg (jaja!) gar nie satt sehen können.

Mich beeindruckte immer schon, dass so viele herausragende amerikanische Kunst- und Kulturschaffende ihr Land sehr genau untersuchten und mit ihren eigenen unvergleichlichen Mitteln der Unterhaltungskunst mal selbstkritisch, mal humorvoll, oftmals brillant subversiv und niemals nur Eins-zu-eins Perspektiven öffneten. So wie es hier auch der Britin Andrea Arnold gelang.

American Honey ist ein Film voller ungewöhnlicher Entscheidungen. Die Regisseurin entdeckte beim Spring Break zufällig Sasha Lane und besetzte sie ohne jede Schauspielerfahrung für die Hauptrolle in einem Film, der dazu noch einer ziellosen Reise gleicht, ohne dramaturgischen Plot. Während Roadmovies (nach Western das vielleicht uramerikanischste Genre überhaupt) für gewöhnlich die Landschaft in ihrer Wirkung im öffnenden Breitbildformat einfangen, presst Arnold diese Weite in ein untypisches 4:3-Format und legt damit von Beginn an die Grenzen der Freiheit schon formal fest. Inhaltlich ergänzt sie diese um eine Gruppe Jugendlicher, die das Land als Zeitschriften verkaufende Drückerkolonne bereisen. Doch es sind vor allem diese stilistischen Entscheidungen, die den Coup des Films ausmachen, dem es viel mehr um Gesichter, Blicke und zwischenmenschliche Energie zu gehen scheint als um Plots und Kontextualisierung. Die Kamera schleicht und wackelt händisch um die Protagonistin, nähert sich ihr, bleibt an ihr kleben: hektisch, behutsam, auf- und eindringlich. Diese Einstellungen, gepaart mit dem konzentrierten Format, fangen jedes noch so unscheinbare Zucken, das Erröten und den kleinsten Tropfen Schweiß, der von der Oberlippe perlt, so uneitel und liebevoll ein, dass sich das Erzittern, die Lust und die Neugier unweigerlich überträgt. Es sind ehrliche Küsse, die *American Honey* uns schenkt. Weil sie verschwitzt, spontan und dreckig sind – ungestüm, nah, immer intim. Weil dieser so abgedroschene Anspruch an Authentizität hier zu seiner größtmöglichen Entfaltung kommt. Durch die Wahl der Gestaltung und einer derart natürlichen Performance der gänzlich unerfahrenen Sasha Lane wird Privatheit wieder politisch und wahrhaftiges Verlangen in Bildern gespiegelt.

aus *Born in the U.S.A.* von Bruce Springsteen, 1984

Born down in a dead man's town
The first kick I took was when I hit the ground
End up like a dog that's been beat too much
'Til you spend half your life just covering up

Das Entfliehen vor Armut und Stillstand, die Reise in anonyme Motels und Malls, durch trostlose Innenstädte (in Offenbach haben wir mehr als eine Ahnung, wie sich das anfühlt) wird durch einen Hip Hop- und Trap-Soundtrack begleitet, der im Bus der Jugend den Ton angibt und die Truppe wie Teenies auf Klassenfahrt erscheinen lässt. Mit dem Unterschied, dass sie hier gezwungen sind, auf recht dubiose Art täglich genug Geld abzuliefern.

Zwei Songs sind für mich von entscheidender Schönheit, da sie das schwelgerische und niederschmetternde Wesen des Films gleichzeitig fassen, einfangen und in ihrem gemeinsamen Wechselspiel wie ein Versprechen klingen. So ertönt Rihannas einstiger Geniestreich zu Beginn des Films aus den Boxen eines Supermarkts in exakt jenem Moment, in dem sich zum ersten Mal die Blicke von Star und Jake (Shia „so sexy" LaBeouf) kreuzen, finden, ineinander versinken.

As your shadow crosses mine
What it takes to come alive
It's the way I'm feeling I just can't deny
But I've gotta let it go

We found love in a hopeless place
We found love in a hopeless place
We found love in a hopeless place
We found love in a hopeless place

aus *We Found Love* von Rihanna featuring Calvin Harris, 2011

Er steigt auf das Kassenband, wippt, beginnt ekstatisch zu tanzen. Sie schaut ihm dabei zu, elektrisiert, und weiß in dem Augenblick, mit wem sie aus ihrem Leben ausbrechen will. Es ist eine Fanfare des Aufbruchs und eine Prophezeiung, die in Gestalt des so fantastisch-trashigen Ohrwurms eingeläutet wird. Man hätte sich keine schönere Filmszene für diesen Song ausdenken können! Dieses Lied, seit Jahren eher in der Ecke von Großraumdiscos verortet, erfährt hier die längst überfällige cineastische Huldigung.

Ebenso Bruce Springsteens gemeinhin eher unbekannteres *Dream Baby Dream*-Cover der Electro-Punk-Pioniere Suicide aus dem Jahr 1979, das hier und da erklingt (mal wird es von Jake gesummt, mal im Radio gespielt, so dass sich Generationen, im Truck sitzend, wortlos verstehen) und zum eskapistischen Hinwegträumen einlädt, während die Gang unter Druck wieder Zeitschriften in den Vororten verhökert. Niemand anderes als der „Boss" könnte die Widersprüche des amerikanischen Traums musikalisch glaubhafter vermitteln, beschwört er doch seit seinen Anfängen

dessen Magie, die Hoffnung, die Lüge und gleichsam alle Zerbrechlichkeit. Voller resignierendem Pathos, forderndem Feuer, tiefer, zärtlicher
Stimme und stolzer Verletzlichkeit:

aus Dream Baby
Dream von Bruce
Springsteen, 2014

We gotta keep the fire burning
Come on, we gotta keep the fire burning
Come on, we gotta keep the fire burning
Come on and dream baby dream

Bruce Springsteen hat diese einmalige Gabe, Sehnsucht zu wecken und
dabei die Grenze zum Kitsch nie zu übertreten, sondern sie nur hauch-
zart zu berühren. Gerade so, dass einem das Herz aufgeht oder es – je
nach Verfassung – zerreißt. Er hat in all seinen Werken mit Hilfe dieses
Talents ein präzises und doch immer auch widersprüchliches Bild von
Amerika gezeichnet, von dem Begehren, dem Scheitern und Weitermachen. Es entpuppt sich als eine Art Zwischenreich, dessen Ambivalen-
zen und Gegensätze ein fundamentales Zerrbild ergeben und das Andrea
Arnold hier in sehr ähnlichem Sinne bebildert. Jedes Gefühl von Freiheit
gleicht einer Kippfigur, ist immer auch ausgebremste Utopie. Die Aus-
wüchse des Kapitalismus werden innerhalb des Alltags der Drückerkolonne so selbstverständlich offenbar, dass die Kraft und Zärtlichkeit des
Liebespaares in ständigem Konflikt mit den Umständen gerät.

American Honey ist ein desillusionierendes wie kämpferisches Roadmovie
über richtiges Leben im falschen Land. Ein Märchen über den Größenwahn und Leichtsinn der Jugend – über die Unmöglichkeit von Freiheit
im Käfig des Kapitals. Arnold demaskiert diese amerikanischen Träume
zwar schonungslos, aber zeitgleich erfrischend und ungemein sinnlich.
Weil sie es – trotz und vor allem – mit ganz großer Zuneigung tut. Und
mit einem unerschütterlichen Vertrauen in ihre Hauptdarsteller, die sie
einfach losrennen lässt.

Es ist die Dialektik des Films wie auch die von Amerika, die ein kleines
Wunder vollbringt und mich in einen befremdlichen, kraftvollen, nichtbestimmbaren Zustand des Aufbruchs hineinzog. Denn letztlich ist *American Honey* auch ein Film über die Dringlichkeit von Bewegung. Fast

unbemerkt hebt der Film mit seiner Crew, den Protagonisten und uns irgendwann ab und zieht einen viel eher nach oben denn in den Abgrund. Er löst sich von der Schwerkraft einer geradlinigen, sinnstiftenden Handlung und dem Anspruch jedweder Deutung. Er driftet immer wieder traumwandlerisch in rauschhafte Eskapaden, blickt zeitgleich in gelangweilte Gesichter und macht die Leere im Abenteuer körperlich spürbar. In aller (bisweilen drastischen) Wiederholung des Busfahrens, des Zeitungsverkaufs, des Schnapstrinkens, des Knutschens, Prügelns, Verschwendens steckt ein beinahe meditativer Rhythmus, der *American Honey* zum aufregendsten Coming-of-Age-Film seiner Generation werden lässt, seit einer gefühlten Ewigkeit (genauer: seit *Rushmore* aus dem Jahr 1998 und vielleicht noch *Blau ist eine warme Farbe* von 2013).

An die Verheißung und die Enttäuschung Amerikas kam man jedenfalls nur selten dichter heran. Was bleibt? Prekäre Verhältnisse, trotzige Power und Rebellion light – bittersüßer, zähflüssiger, cremiger *American Honey*. Nektar des Lebens!

aus Born to Run von Bruce Springsteen, 1975

Someday girl, I don't know when
We're gonna get to that place
Where we really want to go
And we'll walk in the sun
But till then tramps like us
Baby, we were born to run

We found love in a hopeless film. Und jetzt finden wir Liebe am Grill …

Rib Eye mit grünem Spargel und Lieblings-Vinaigrette

Eins vorneweg: Es braucht keinen High-End-Grill. Ich grille leidenschaftlich gerne, puristisch mit Holzkohle, auf einem sehr einfachen Grill. Drei simple Dinge entscheiden meines Erachtens über den erfolgreichen Ausgang des Grillvergnügens: ein höhenverstellbarer Rost, dessen Schwere und Qualität (Gusseisen), eine erhöhte Ablagefläche zum anschließenden Nachziehen und Entspannen des Fleischs. Für mich gibt es kein fantastischeres Stück Fleisch vom Grill als ein Rib Eye-Steak. Natürlich mag ein klassisches Rinderfilet feiner und zarter sein, doch im Geschmack kann es nicht annähernd mithalten. Das marmorierte Rib Eye ist fettdurchwachsener und daher saftiger, in Verbindung mit den Röstaromen zudem weitaus aromatischer – im Übrigen auch zarter als jedes herkömmliche Rumpsteak. Die Hochrippe vereint all das, was ein perfektes Steak ausmacht, sofern es die richtige Zubereitung erfährt.

Das Fleisch sollte Zimmertemperatur besitzen, bevor es auf dem Grill Platz nimmt. Die „90, 90 + 90, 90"-Sekunden-Methode hat sich im Laufe der Jahre bestens bewährt. Man legt das Fleisch auf den heißen (nicht zu heißen!) Grill (so um die 280 Grad) und wendet es exakt nach 90 Sekunden – danach wiederholt man dies genau noch einmal, so dass die Rippen von jeder Seite etwa 180 Sekunden Feuer bekommen haben. Je nach Dicke (3 bis 4 cm sollten's schon sein) lasse ich die Steaks dann in einer meist erhöhten, indirekten Grillzone für circa 12 bis 15 Minuten ruhen, um sie so auf exakte 55 Grad zu ziehen. Sie werden unter Garantie außen kross-knusprig und haben innen einen saftigen, rosaroten Kern, der sich meist fast bis zur Oberfläche erstreckt. Jetzt erst würde ich salzen und pfeffern und die Rippen ausschließlich mit selbstgemachter Kräuterbutter garnieren. Wesentlich unkomplizierter verhält es sich zwischenzeitlich beim grünen Spargel: mit etwas Olivenöl bestreichen, für zehn Minuten (al dente) auf den Grill – Salz, Pfeffer, fertig.

Meine Lieblingsvinaigrette für diesen Spargel – neben der Kräuterbutter im Übrigen auch sensationell für die Steaks geeignet – versetzt mich jedes Mal ins Schwärmen. Weil es doch immer wieder verblüfft, wie ausgezeichnet diese etwas merkwürdig anmutende Zusammenstellung der Produkte harmoniert: Man kocht Eier etwa acht Minuten lang (also nicht zu hart), hackt sie anschließend in relativ kleine Würfel und gibt sie in eine Schüssel. Hinzu kommt etwas mehr Olivenöl als Balsamico, ein wenig zerdrückter Knoblauch, Zitronensaft und -abrieb sowie passenderweise auch etwas Honig. Dann hebt man reichlich penibel klein gehackte glatte Petersilie unter, rührt alles kräftig durch und würzt mit Salz und Pfeffer. Ein Eier-Zitrus-Traum, der alle Vinaigretten dieser Welt vergessen lässt!

Während im Film am Grill Mezcal mit Wurm verköstigt wird, empfehle ich hierzu eindringlich (nicht erschrecken!) einen guten wie gut gekühlten Lambrusco. Dieses unterschätzte, so lange in Verruf geratene Getränk mit seiner leichten, fruchtigen Süße und Kohlensäure funktioniert erstaunlich unperfekt/perfekt und steht in reizvollem Kontrast zu allen Röstaromen und knusprigem Grillfleisch. Generell ein Segen an Sommerabenden!

ROMA

Alfonso Cuarón, Mexiko / USA 2018

Roma blickt in den Alltag einer Familie in Mexiko-Stadt zu Anfang der 1970er Jahre. Regisseur Alfonso Cuarón lässt eigene Kindheitserinnerungen in schwarzweißen Einstellungen zusammenfließen und erhebt das Wirken der Haushälterin Cleo (Yalitza Aparicio) zum Wesenskern der familiären Strukturen, der Kindererziehung wie des gesamten Films.

Roma —— Was nun, geliebtes Kino? *Netflix* ... and chill.

Ich hätte nicht für möglich gehalten, dass es noch einmal jemanden gibt mit einem Blick auf die Welt wie Abbas Kiarostami. Aber die ersten Sekunden von *Roma* erinnern frappierend an seine Form der filmischen Entschleunigung, an eine für tot geglaubte visuelle Poesie. Diese erste Nahaufnahme zeigt einen gekachelten Boden, Seifenwasser wird über die Steine gegossen. Wir hören, dass jemand im Hintergrund putzt. Im Wasser spiegelt sich der Himmel, der sich wiederum zwischen Seifenblasen hin und her bewegt, langsam verändert. Ein Ausschnitt legt sich über die Reflexion und darin ist ein Flugzeug am Himmel erkennbar. Dann erscheint der Filmtitel: *Roma* – und nach einer Minute hat man das Leben in einer Einstellung gesehen, das fließende Durchdringen der Elemente und einen der sinnlichsten Prologe der Filmgeschichte.

Die Komposition dieser Bilder, diese kindliche Faszination für Alltägliches, die Fähigkeit, im Detail die Welt aufzuzeigen, sie zu befragen, um sie dann wieder auf den Steinboden herabsinken zu lassen, habe ich so einfach, umfassend und durchdringend echt bislang nur bei Kiarostami erlebt (und vielleicht noch in artverwandter Weise bei Andrei Tarkowski, Kelly Reichardt und Wong Kar-Wai). Der Mikrokosmos einer mexikanischen Familie, in dem die Haushälterin zentrale Bedeutung erhält – und viel mehr als nur die Abwesenheit des Vaters ausfüllt – wird von Cuarón autobiografisch Szene um Szene erinnert und auch genau so inszeniert. Der Regisseur, der auch für Drehbuch, Produktion, Kamera und Montage verantwortlich war, entwickelt die persönliche Geschichte seines Aufwachsens und verankert sie gleichzeitig im gesamtgesellschaftlichen Kontext – diese Intimität erreicht ein episches Ausmaß, bleibt aber immer so mitreißend, wahrhaftig und beweglich, dass sie vom scheinbar Beiläufigen zum großen Ganzen und wieder zurück in die Herzen der Charaktere und Zuschauer findet.

Alfonso Cuarón hat fraglos den – persönlich wie politisch – eindringlichsten Film der letzten Jahre gedreht, eine wie aus Kinderaugen verfilmte Erinnerung an seine Familie, an Mexiko-Stadt, eine kleine und gleichzeitig große Geschichte über die Solidarität unter Frauen, ein Wunder an

Einfühlung und ein Akt aufrichtiger Dankbarkeit für Cleo, jene Frau, die ihn gemeinsam mit seiner Mutter so liebe- und aufopferungsvoll groß gezogen hat.

Jede Einstellung ist ein Gemälde, eine Reminiszenz an die Möglichkeiten des Formats (70-mm-Widescreen, um jede noch so kleine Bewegung im Blick zu behalten) und deren Wirkung auf Leinwand. Cuarón montiert Szenen, die in ihrer Simplizität einen unmittelbaren, anderen Zugriff auf die Welt ermöglichen, die mit erfrischender Neugier und Emotionalität mehr über die politischen Strukturen verstehen lassen, als es eine stringente Geschichte je könnte.

All das ist *Roma*, all das ganz großes Kino von zeitloser Dringlichkeit. Und das trifft mitten in das paradoxe Gefüge unserer Zeit: Diese vom Streaminganbieter *Netflix* produzierten Schwarz-Weiß-Erinnerungen durften gemäß Firmenpolitik bis auf wenige Kinovorführungen ausschließlich von Abonnenten online zu Hause in den Wohn- oder Schlafzimmern rezipiert werden. Die Entscheidung, sich für diesen Film einen Beamer zu kaufen und das Gesamtkunstwerk wenigstens daheim auf weißer Wand zu projizieren, ist mehr als nur legitim. Auf TV- oder Laptopformat? Undenkbar! Ganz zu Schweigen vom so zentralen Ton. Doch angesichts der Konfrontation zwischen Kinokultur und *Netflix*, die immer stärker zum Glaubenskrieg erwachsen wird, rate ich einfach zum Chillen, Entspannen.

Der Streit gründet nicht etwa, wie allgemein angenommen, auf der Vermutung, dass *Netflix* und Co. dem Kino die Zukunft klauen. Jede Statistik bezeugt hierzu das Gegenteil: Kaum jemand geht nicht mehr ins Kino, weil er lieber zu Hause nonstop Serien schaut. Es existiert da keine Schnittmenge. Die Programmkinokultur wurde schon so oft für tot erklärt, dass auch die Fließband-Produktion von Serien keine ernste Konkurrenz darstellen dürfte. Und für mich ist es eine Frage von wenigen Jahren, wann Serien – und seien sie noch so gut – zwischen Abendessen, E-Mails und Nachtruhe als lebensbegleitende Zeitdiebe ausgedient haben.

Zugegeben, als recht uneinsichtiger Verfechter des einzig wahren Kinoerlebens war ich nie ein begeisterter Serien-Täter. Nach *Monaco Franze*,

Kir Royal, Die Sopranos, Im Angesicht des Verbrechens und *Two and a Half Men* (meinem Eindruck nach die unterschätzteste Serie aller Zeiten, bis Staffel 8 mit Charlie Sheen die soziologisch raffinierteste, amüsanteste Verkehrung eines brillanten Altherrenwitzes) war für mich der Olymp seriellen Erzählens ein für alle Mal erklommen. Da konnte selbst der spätere Serien-Überhype um *Mad Men, Breaking Bad* oder *Game of Thrones* nichts mehr ausrichten: Abbruch jeweils nach Staffel 2 oder 3. Die in jüngster Vergangenheit so oft und so leidenschaftlich vorgetragenen Vorteile von Serien und ihren narrativ großflächigen Spielwiesen (möglicherweise treffender: Legitimationen, abends, nachts und tagsüber ausschließlich auf der Couch zu lümmeln) werden seit jeher bedeutungsvoll mit der Figurenentwicklung, episch komplexen Erzähl(de)konstruktionen, dem Erbe des Romans etc. beschrieben. Ungeachtet dessen, dass dies für mich Nonsens ist, hat es bei mir immer noch eher dazu geführt, dass ich das Medium Film vielleicht noch einen Ticken höher wertschätzen konnte, als dies sowieso schon der Fall war. Die Welt in zwei Stunden, im Dunkeln auf großer Leinwand, Magie durch Begrenzung, das befreiende Aushalten-Müssen eines gesetzten Schlusspunkts, wie auch immer er aussieht. Das existierende Überangebot an handwerklich guten Serien verleiht rund um die Uhr dazu, überall mal hineinzuschauen (obwohl doch fast jede/r die Erfahrung schon zigfach machte, dass selbst eine gelungene Serie auf Dauer immer weniger bleibende Eindrücke hinterlässt). Das Gefühl am Ende einer Staffel war bei mir jedenfalls niemals vergleichbar mit den Nachwirkungen, wenn das Saallicht anging (bis auf die hier nochmals erwähnte *Sopranos*-Ausnahme, da reichte das Wohnzimmerlicht).

Was aber passiert, wenn *Netflix* aus Gründen der Reputation nun den talentiertesten Regisseuren alle künstlerischen Freiheiten gewährt und opulente Budgets für ihre Kunst bereitstellt, die sie dann für herausragende Arbeiten nutzen und diese dem Kino weitestgehend vorenthalten bleiben? Sind das dann noch Filme, wenn sie ihrer eigentlichen Bestimmung, nämlich der öffentlichen Aufführung an einem Ort gemeinsamen Erlebens, beraubt werden?

Cuarón entgegnet hierzu stets, dass er auf den gewählten Wegen per Streaming weltweit so viele Menschen mit diesem Film erreiche, wie es mit klassischer Kinoauswertung ansonsten nicht möglich wäre. Da hat er zweifellos Recht. Die Frage ist nur, was es nützt, wenn man daheim am PC zu dem Gesehenen keine Verbindung aufbauen kann? Man kann über *Roma* nur mit denjenigen sprechen, die das Glück hatten, ihn im Kino gesehen zu haben. Aber ja, was soll Cuarón denn auch sagen ... Der Streaminganbieter finanziert ihm die Reise in seine Kindheit. Und er teilt sie mit uns, beschenkt uns ebenfalls reich.

Wenn solche Filme wie *Roma* dabei entstehen, soll *Netflix* das unbedingt machen. Sie müssen nur vorab und viel öfter im Kino laufen. Damit sie breitmöglichst wirken, kulturell relevant werden, in den Köpfen und Herzen der Besucher bleibend Verankerung finden. Es sind Bilder, die strahlen – deren Magie von Raum und Zeit abhängig ist. Vom Aufführungsort und davon, sich dort hinzubewegen.

Cuarón hat es hiermit geschafft, dass wir für zwei Stunden in einer zurückliegenden Ära an einem unbekannten Ort Zeit mit Menschen teilen, denen wir sonst niemals begegnet wären – die wir nicht hätten verstehen, wertschätzen oder betrauern können. Auf die wir nicht hätten stolz sein können. Und so wird mit *Roma* zweierlei deutlich: was Erinnern und filmische Ästhetik gemeinsam leisten können und eben auch, dass nur Kino als Ort imstande ist, solch herausragende Ergebnisse würdig zu transportieren – die körperliche Erfahrung und sinnliche Vermittlung von Empathie, eine Liebesbekundung an das Leben selbst.

Im Sinne Kafkas müsse ein Buch bekanntlich die Axt sein, um dem gefrorenen Meer in uns zu begegnen. Als Film gelingt *Roma* selbiges. In der Güte, in den Augen und in den Handlungen Cleos vermute ich sie, diese beschworene Axt. Doch offenbart sie sich in einer so angenehm wärmenden, durchdringenden, zärtlichen Form, dass es keinerlei Martialität mehr benötigt. Cleo lässt das Meer für uns schmelzen.

Netflix schreibt immerhin nicht vor, was es bei *Roma* zu essen geben sollte. Jedenfalls nicht, dass ich wüsste.

Die beste Guacamole meines Lebens (zumindest die meiner Erinnerung, was ja im Grunde dasselbe ist) habe ich vor dreizehn Jahren bei einem Mexikaner in Brooklyn gegessen. Und, welch' Überraschung: Sie war vollkommen auf ihren Kern reduziert. Und ich finde, dass Guacamole und Ceviche auch in ebendieser Einfachheit der Zubereitung so wunderbar harmonieren, was sich ja allein schon aus den wenigen, beinahe identischen Produkten, die man zur Herstellung benötigt, erschließt.

Ceviche und Guacamole

Für beide Gerichte, die später auf einem Teller gemeinsames Glück einlösen, braucht man vor allem viele Bio-Limetten – und Zwiebeln, Chilis, Knoblauch sowie Koriander. Es ist – man kann das bei diesen beiden Gerichten schon auch mal sagen – die hohe Kunst, aus scheinbar Banalem etwas Erinnerungswürdiges zu kreieren. Beim Fisch bevorzuge ich hier fangfrische Seezunge, Wolfsbarsch oder am allerliebsten – wenn die Zeit gerade reif ist – norwegischen Skrei. Man schneidet ihn in kleinere Stücke (so um einen Zentimeter) und lässt ihn in einer flachen Auflaufform im Sud aus Limettensaft, Meersalz und weißem Pfeffer für eine Viertelstunde im Kühlschrank nachziehen. In der Zeit schneide ich rote Zwiebeln, Knoblauch und frische Chilis (entkernt) in hauchdünne(!) Scheiben und zupfe Koriander, um all das mit dem Fisch vorsichtig zu vermischen. Ein paar Spritzer Olivenöl rundet diese so unkomplizierte Traum-Marinade schließlich ab, die jetzt nur noch für ein paar Minuten ruhen sollte.

Auch für die Guacamole, wie sie mir seinerzeit in New York serviert wurde, braucht es erheblich Limettensaft, sehr fein gehackte rote Zwiebeln, einen Hauch Knoblauch und Chili, Meersalz, schwarzen Pfeffer und natürlich wiederum Blätter vom Koriander. Ich verzichte bei Fisch wie auch bei Avocado vollkommen unüblich auf Zugabe von Tomaten jedweder Art. Wenn es denn überhaupt noch Ergänzungen für diese Guacamole bräuchte, wären das für mich ein wenig zerbröselter Schafskäse obenauf, ein Schluck Olivenöl und daneben ein Glas kräftiger Chardonnay. Aber das ist wohl wie immer in Kino und Küche – wie auch im Leben generell: eben Geschmackssache!

Daniels Kino —— ein Nachwort von Marc Ries

Ein Buch wie dieses, nicht über Filme oder mit Diskursen zu Filmen, sondern als Spiegelung einer biographischen Schrift *in* Filmen, begleitet von Zeichnungen verdichteter Motive dieser Filme, hat vor allem die eine Berechtigung: *eine Liebe zu teilen*. Denn das, was sich nie besitzen lässt, Filmbilder etwa, kann nur in Gemeinschaft mit vielen anderen lustvoll-geteilt sich ereignen.

Die Eigenart der Texte von Daniel Brettschneider reüssiert dort umfassend, wo die biographische Spur und Leidenschaft übersetzt wird in ein sehr genaues Hinschauen, Explorieren, Entdecken und Berichten von filmischen Grundelementen, seien diese nun das Acting, der Genre-Diskurs oder die Erzählwunder. Und in das Beschwören der Beziehung von Film und Publikum, jenen Attraktionen, die für die Menschen vor der Leinwand oftmals mehr bedeuten, als die sparsamen, verstrickten, blassen Realwelterfahrungen. Diese werden durch erstere einfach weniger sparsam, weniger blass, weniger schwer. Es ist kein Festhalten, kein dogmatisches Feiern eines Dispositivs, das die einzelnen Texte antreibt, sondern die stets erneuerte Bereitschaft, die essentiellen Bindungskräfte des Filmischen jenseits aller technischen und sozialen Konditionen zu erfragen. Diese Filme *und* diese Schrift vermögen in ihrer Direktheit, ihrem Mitteilungswunsch, ihrem Eigensinn jene Vielfalt an Stimmungen einer Innenwelt zu adressieren, die uns oft unverhofft in die Nähe von so etwas wie Glück wirft.

Nicht Filme-machen ist die Losung, sondern *Kino-machen*. Also Voraussetzungen schaffen, dass Filme für ein Kollektiv, eine Gemeinschaft ihr Dasein ausspielen. Aus dem Vereinzelt-sein heraustreten und versuchen, das Massenmedium Film für eine Masse, also ein Publikum, Zuschauer aller Geschlechter, Sehbegierige, Schwärmer, und gegen die unterhaltungsindustriell normierten Orte, wieder und wieder hervorzubringen. In einem Hafen, einem Fahrradladen, einem Ledermuseum etwa. Es gilt nicht das ökonomische Primat der Neuheit, des Einmaligen, des Ungesehenen, sondern das libidinöse Primat der Wiederholung, des temporären und kollektiven Genießens.

134

Die Textsorte, die Daniel vorlegt, die beim Lesen ab und zu eine leichte Beklemmung aufkommen lässt angesichts der agilen Offenlegung mannigfacher Obsessionen, einem „wahrhaftigen Begehren", das sich zugleich zaghaft-verletzlich und stürmisch großer Vokabeln aus den Kraftwerken der Romantik, aber auch religiöser Welten bedient, ist vermutlich in analoger Weise geformt, wie das Kino jene Filme formt, von denen hier die Rede ist: aus einem „inneren Prozess", dessen Gründe „Herzensangelegenheiten" sind, um Pascal zu paraphrasieren.

Filmische Bilder können sich auf eine Weise anbieten, so als wären sie nur für den einzelnen da, nur für den einen Ihn, für die eine Sie *bestimmt*. Als ob es eine Art geheime Beziehungs- oder Affektlogik gibt, die auf erstaunliche Weise im Publikum zugleich einen jeden einzelnen aufsucht, in einen Austausch mit ihm oder ihr tritt, zugleich jedem einzelnen zu verstehen gibt, dass alle anderen, jeder für sich gleichfalls in ein intimes Verhältnis zu einzelnen Bildern treten kann. Man teilt nicht irgendein obskures Allgemeines, ein ästhetisches Universal, sondern teilt das Unteilbare einer filmischen Intimität, die so zahllos different in Erscheinung treten kann, wie Zuschauer im Kinoraum sich aufhalten. All dies lässt sich vielleicht als kinoeske Promiskuitätserfahrung beschreiben. So dass Daniels Texte in gewisser Weise in dem anderen Medium *nachleben*, was wir andere uns nur im Kino selber zuzugestehen trauen!

In letzter Zeit wurde viel über filmische Leiberfahrung und Affekt, über kinematographische Körper und „Leihkörper" nachgedacht. Daniel stimmt in diesen Chor ein, jedoch erweitert er die Beziehung um eine Art experimentelle Anordnung. Die Sinnlichkeit wird im „Kino Kulinarisch" und in diesem Buch zweifach herausgefordert. Nein: Sie wird in ihren komplexen physiologisch-kulturellen Ausdrucksmodi in sich selber gefaltet, so dass die Zunge dasselbe erlebt wie das Auge, der Geruch sich um einen selben Ursprung entfaltet wie die Sounds, die Musik, die Geräusche, die Stimmen, die das Ohr erreichen. Es ist eine Art totale Hingabe an das „Reich der Sinne" (ein Film, der, eigentümlich, hier an dieser Stelle fehlt, aber spreche ich da von mir oder von Daniel?), die an einem solchen Abend im Kino und an der Tafel möglich wird. Und, so man die angebotenen Rezepte nachzukochen sich vornimmt, mag gleiches sich auch in den sogenannten privaten Räumen ereignen.

„Liebe kehrt wieder als eine Wahrnehmung des unsichtbar Gewordenen durch Erinnerung", schreibt Heide Schlüpmann. Daniel Brettschneider praktiziert diese Wiederkehr in seinen Texten, zugleich wird er weiterhin Kino machen, und also für die Gegenwart einer filmischen Libido Sorge tragen, die viele von uns, wie gesagt, in die Nähe des Glücks katapultiert.

Dr. Marc Ries ist Professor für
Soziologie und Theorie der
Medien an der Hochschule für
Gestaltung in Offenbach am Main.

Über den Autor

Mirjam Möß, © Urban Media Project

Daniel Brettschneider, geboren 1980, lebt und arbeitet in Offenbach am Main. Nach Abschluss des Studiums der Erziehungswissenschaften, der Soziologie und Psychologie in Frankfurt am Main gründete er 2010 das *Hafenkino*. Es war das erste öffentliche Lichtspielhaus seiner Heimatstadt Offenbach nach über einem Jahrzehnt ohne Programmkinokultur. Inzwischen leitet er den *Lederpalast*, das *Ladenkino* sowie – gemeinsam mit dem Lichter Filmkultur e.V. – das *Freiluftkino Frankfurt*. Weiterhin kuratiert er verschiedene Filmreihen, darunter das seit 2012 überregional beachtete *Kino Kulinarisch*, in dem seine Vorlieben für Essen, Trinken und Filme den verbindenden Charakter der Veranstaltung formen. Mit *Kino Kulinarisch – Filme nach meinem Geschmack* beschreibt er seine autobiografischen Erinnerungen und Gedanken zum gemeinsamen Erleben im Kino.

Erwähnte Filme —— chronologisch gelistet nach Erscheinungsjahr, bis auf *Inception* allesamt ans Herz gelegt!

1925 ———————————

Panzerkreuzer Potemkim
Bronenosez Potjomkin
Sergei M. Eisenstein, UdSSR

1941 ———————————

Citizen Kane
Orson Welles, USA

1942 ———————————

Casablanca
Michael Curtiz, USA

1954 ———————————

Das Fenster zum Hof
Rear Window
Alfred Hitchcock, USA

1955 ———————————

Susi und Strolch
Lady and the Tramp
Clyde Geronimi, Wilfred
Jackson, Hamilton Luske, USA

Über den Dächern von Nizza
To Catch a Thief
Alfred Hitchcock, USA

1957 ———————————

Wege zum Ruhm
Paths of Glory
Stanley Kubrick, USA

Zeugin der Anklage
Witness for the Prosecution
Billy Wilder, USA

1958 ———————————

Vertigo – Aus dem Reich der Toten
Vertigo
Alfred Hitchcock, USA

1959 ———————————

Der unsichtbare Dritte
North by Northwest
Alfred Hitchcock, USA

1960 ———————————

Außer Atem
À bout de souffle
Jean-Luc Godard, Frankreich

Das süße Leben
La dolce vita
Federico Fellini, Italien/
Frankreich

Rocco und seine Brüder
Rocco e i suoi fratelli
Luchino Visconti, Italien/
Frankreich

1961 ———————————

Frühstück bei Tiffany
Breakfast at Tiffany's
Blake Edwards, USA

Haie der Großstadt
The Hustler
Robert Rossen, USA

1962 ———————————

Jules und Jim
Jules et Jim
François Truffaut, Frankreich

1963 ———————————

Achteinhalb
8½
Federico Fellini, Italien/
Frankreich

1964 ———————————

Eine verheiratete Frau
Une femme mariée:
Suite de fragments d'un film
tourné en 1964
Jean-Luc Godard, Frankreich

1967 ———————————

Bonnie und Clyde
Bonnie and Clyde
Arthur Penn, USA

1968 ———————————

2001: Odyssee im Weltraum
2001: A Space Odyssey
Stanley Kubrick,
Großbritannien/USA

1972 ———————————

Der letzte Tango in Paris
Ultimo tango a Parigi
Bernardo Bertolucci,
Frankreich/Italien

1973 ———————————

Badlands – Zerschossene Träume
Badlands
Terrence Malick, USA

Hexenkessel
Mean Streets
Martin Scorsese, USA

1976 ───────────

Rocky
John G. Avildsen, USA

1979 ───────────

Manhattan
Woody Allen, USA

1982 ───────────

Rocky III – Das Auge des Tigers
Rocky III
Sylvester Stallone, USA

1984 ───────────

Karate Kid
The Karate Kid
John G. Avildsen, USA

Paris, Texas
Wim Wenders, Deutschland/Frankreich/Großbritannien/USA

1985 ───────────

Tampopo
Jûzô Itami, Japan

1986 ───────────

Feivel, der Mauswanderer
An American Tail
Don Bluth, USA

9½ Wochen
9½ Weeks
Adrian Lyne, USA

1987 ───────────

Babettes Fest
Babettes gæstebud
Gabriel Axel, Dänemark

Barfly
Barbet Schroeder, USA

Dirty Dancing
Emile Ardolino, USA

1988 ───────────

Cinema Paradiso
Nuovo Cinema Paradiso
Giuseppe Tornatore, Italien/Frankreich

Stirb langsam
Die Hard
John McTiernan, USA

1989 ───────────

Der Club der toten Dichter
Dead Poets Society
Peter Weir, USA

Harry und Sally
When Harry Met Sally...
Rob Reiner, USA

1990 ───────────

Der mit dem Wolf tanzt
Dances with Wolves
Kevin Costner, USA/Großbritannien

Pretty Woman
Garry Marshall, USA

1991 ───────────

Barton Fink
Joel Coen, USA/Großbritannien

My Girl – Meine erste Liebe
My Girl
Howard Zieff, USA

Thelma & Louise
Ridley Scott, USA/Großbritannien/Frankreich

1992 ───────────

Batmans Rückkehr
Batman Returns
Tim Burton, USA/Großbritannien

Bodyguard
The Bodyguard
Mick Jackson, USA

Reservoir Dogs – Wilde Hunde
Reservoir Dogs
Quentin Tarantino, USA

1993 ───────────

Jurassic Park
Steven Spielberg, USA

True Romance
Tony Scott, USA/Frankreich

1994 ───────────

Eat Drink Man Woman
Yin shi nan nu
Ang Lee, Taiwan

Pulp Fiction
Quentin Tarantino, USA

1995 ───────────

Die Brücken am Fluß
The Bridges of Madison County
Clint Eastwood, USA

1996 ———————————

Big Night – Nacht der Genüsse
Big Night
Campbell Scott, Stanley Tucci,
USA

Fargo – Blutiger Schnee
Fargo
Joel Coen, USA / Großbritannien

**Jerry Maguire – Spiel des
Lebens**
Jerry Maguire
Cameron Crowe, USA

1997 ———————————

Der Geschmack der Kirsche
Ta'm e guilass
Abbas Kiarostami,
Iran / Frankreich

**Good Will Hunting – Der gute
Will Hunting**
Good Will Hunting
Gus Van Sant, USA

Jackie Brown
Quentin Tarantino, USA

**Rossini – oder die
mörderische Frage,
wer mit wem schlief**
Helmut Dietl, Deutschland

1998 ———————————

Buffalo '66
Vincent Gallo, USA / Kanada

Pi – System im Chaos
π
Darren Aronofsky, USA

Rushmore
Wes Anderson, USA

The Big Lebowski
Joel Coen,
USA / Großbritannien

1999 ———————————

**The Straight Story – Eine
wahre Geschichte**
The Straight Story
David Lynch, Frankreich /
Großbritannien / USA

2000 ———————————

Gladiator
Ridley Scott, USA / Großbritannien / Malta / Marokko

Memento
Christopher Nolan, USA

2001 ———————————

Bella Martha
Sandra Nettelbeck,
Deutschland / Italien /
Österreich / Schweiz

2002 ———————————

Gerry
Gus Van Sant, USA / Argenti-
nien / Jordanien

Solino
Fatih Akin, Deutschland

Sprich mit ihr
Hable con ella
Pedro Almodóvar, Spanien

2003 ———————————

Lost in Translation
Sofia Coppola, USA/Japan

2004 ———————————

**Anchorman – Die Legende
von Ron Burgundy**
*Anchorman: The Legend of Ron
Burgundy*
Adam McKay, USA

Rhythm Is It!
Thomas Grubem, Enrique
Sánchez Lansch, Deutschland

2005 ———————————

Brokeback Mountain
Ang Lee, USA / Kanada

Caché
Michael Haneke, Frank-
reich / Österreich / Deutschland / Italien

2007 ———————————

Control
Anton Corbijn, Großbri-
tannien / USA / Austra-
lien / Japan / Frankreich

Darjeeling Limited
The Darjeeling Limited
Wes Anderson, USA

2008 ———————————

Brügge sehen… und sterben?
In Bruges
Martin McDonagh, Großbritan-
nien / USA

Nie wieder Sex mit der Ex
Forgetting Sarah Marshall
Nicholas Stoller, USA

**The Wrestler – Ruhm, Liebe,
Schmerz**
The Wrestler
Darren Aronofsky, USA /
Frankreich

**Tödliches Kommando –
The Hurt Locker**
The Hurt Locker
Kathryn Bigelow, USA

2009 ⸺

Alle Anderen
Maren Ade, Deutschland

A Serious Man
Ethan Coen , Joel Coen,
USA / Großbritannien / Frank-
reich

(500) Days of Summer
Marc Webb, USA

2010 ⸺

Inception
Christopher Nolan,
USA / Großbritannien

2011 ⸺

Drive
Nicolas Winding Refn, USA

Oslo, 31. August
Oslo, 31. august
Joachim Trier, Norwegen

2012 ⸺

Barbara
Christian Petzold, Deutschland

Moonrise Kingdom
Wes Anderson, USA

Oh Boy
Jan-Ole Gerster, Deutschland

Searching for Sugar Man
Malik Bendjelloul, Schwe-
den / Großbritannien / Finnland

**Tabu – Eine Geschichte von
Liebe und Schuld**
Tabu
Miguel Gomes, Portugal /
Deutschland / Brasilien /
Frankreich / Spanien

2013 ⸺

Blau ist eine warme Farbe
La vie d'Adèle
Abdellatif Kechiche,
Frankreich / Belgien / Spanien

Dallas Buyers Club
Jean-Marc Vallée, USA

**Die andere Heimat – Chronik
einer Sehnsucht**
Edgar Reitz, Deutsch-
land / Frankreich

Gravity
Alfonso Cuarón, Großbritannien / USA

**La Grande Bellezza – Die
große Schönheit**
La grande bellezza
Paolo Sorrentino,
Italien / Frankreich

2014 ⸺

Interstellar
Christopher Nolan, USA / Großbritannien / Kanada

Leviathan
Leviafan
Andrei Swjaginzew, Russland

2015 ⸺

Ewige Jugend
Youth
Paolo Sorrentino, Italien / Frank-
reich / Großbritannien / Schweiz

Victoria
Sebastian Schipper,
Deutschland

2016 ⸺

American Honey
Andrea Arnold, Großbritannien / USA

Arrival
Denis Villeneuve,
USA / Kanada / Indien

Toni Erdmann
Maren Ade, Deutschland /
Österreich / Monaco / Rumä-
nien / Frankreich / Schweiz

2017 ⸺

Der seidene Faden
Phantom Thread
Paul Thomas Anderson,
USA / Großbritannien

2018 ⸺

Roma
Alfonso Cuarón, Mexiko / USA

2019 ⸺

Leid und Herrlichkeit
Dolor y gloria,
Pedro Almodóvar, Spanien

Danke

Ich möchte mich von ganzem Herzen bei den Menschen bedanken, die an der Entstehung dieses Buches maßgeblichen Anteil hatten.

Als ich Jan Münz und Jan Buchczik fragte, ob sie das Buch gestalten würden, war das zunächst einer Intuition, einer Ahnung, geschuldet. Ihre Bereitschaft, daran mitzuwirken, erwies sich für mich als wahrer Glücksgriff. Und mehr als das: Durch die Illustrationen und das grafische Konzept öffnen sich für mich ganz neue Perspektiven auf die Filme, Texte, das Kino an sich. So wird hierdurch, wie ich hoffe, eine Form von Liebe teilbar, die sich durch die persönlichen Verbindungen der Worte, Linien, Flächen und Farben spiegelt und ergänzt – Illustrationen, die zu einer Art szenischer Spurensuche einladen, die Landschaften, Orte und Räume der Filme auf eine andere Weise erfahrbar machen. Mein Dank bezieht sich aber auch auf diese so außergewöhnlich angenehme Zusammenarbeit, der oftmals eine faszinierende (weil unausgesprochene) Einigkeit vorausging.

Bei meinem Verleger und Gaumenfreund Stefan Gey bedanke ich mich ganz besonders. Dafür, dass er auf ein Buch – und damit mir – vertraute, das weder ein klassisches Kochbuch noch ein Filmbuch, weder Rezeptsammlung noch Autobiografie sein will, das in Szenen, Skizzen und Erinnerungen vielmehr die Widersprüche, das Dazwischen, einfängt und keiner Kategorie verpflichtet ist. Sein Engagement und seine Unterstützung halfen mir, diese doch etwas ungewöhnliche Herangehensweise trotz mancher Skepsis hier und da als meinen Weg anzuerkennen. Und ja, sein Timballo und Peposo halfen auch.

Der Dank gilt weiterhin meiner Lektorin Kerstin Reimann, der es mit klarem Blick und strukturierter Leidenschaft gelang, mich nicht nur unermüdlich bei den Korrekturen zu unterstützen, sondern mir dabei auch emotionalen Rückhalt zu verleihen. Und möglicherweise haben manche Rezeptvorschläge auch bei ihr Wirkung hinterlassen: Was Gulasch kann und wie man es mit Zuneigung arrangiert.

Meinem Freund Marc Ries danke ich nicht nur für das eindringliche Nachwort, sondern auch für erhellende Impulse über Filme und Begehren, für den Wagemut gemeinsamer Projekte, die der Überzeugung folgen, Kino als Kulturtechnik in den Herzen zu verankern.

Meinen Freunden Jessica Wissel, Hanni Leyendecker, Daniel Thorpe und Hannah Mihovilović bin ich ebenso zu großem Dank verpflichtet. Sie steigerten sich mit mir hinein, begleiteten den Schreibprozess mit Hingabe, Ausdauer, Anekdoten und Geduld. Und meinem guten Freund Michael Gottscheck, mit dem ich mich seit Jahren über Ideen zu kinokulinarisch geprägten Büchern austausche, werfe ich hier schon mal euphorisch zu: Fortsetzung folgt, mit *Leid und Herrlichkeit!*

Für das Entfachen des Feuers für Kubrick, Hitchcock und Kurosawa danke ich (wie immer, wie sehr!) meinem ehemaligen Kunstlehrer Hansjörg Rindsberg, dessen Haltung zu Bildern, zu Menschen, zu einer kunstvollen Vermittlung von Passion mich damals wie heute gleichermaßen inspiriert.

Dass Cinephilie in Offenbach zur kulturellen Praxis werden konnte, verdanke ich vor allem den engagierten Mitstreiter/innen und Unterstützer/innen des Vereins Kino im DLM, dem Amt für Kulturmanagement der Stadt Offenbach und meinen Freunden bei Urban Media Project, die mir mit Rat und gestalterischen Taten von Beginn an zur Seite standen. Genauso wie Katharina Folten, Caroline Galvis und Netti Rath, später dann Susanne Caponi, Philipp Mehler, Ulrike Markus, Bruno Picard, Francesco Catania und Team – danke für Euren Einsatz und die Geduld!

Anja Bamberger und Blümmel danke ich für Freundschaft und für die spontane Errichtung eines für mich damals so wichtigen „neuen Hafens" im *Ladenkino.* Für die Entwicklung des *Kino Kulinarisch*-Konzeptes, die besondere Zusammenarbeit und das Begleiten durch nicht immer einfache Situationen, möchte ich mich bei meinem Freund und Caterer Panagiotis Tsangalis, seiner Familie und seinem Team aufs Herzlichste bedanken.

Ich umarme schließlich meine Mutter, meinen Vater, meine Familie und alle meine Freunde, ohne die ja sowieso nichts wäre, wie es ist.